体育与健康

马魁 著

中国商业出版社

图书在版编目（CIP）数据

体育与健康 / 马魁著 . -- 北京 : 中国商业出版社，2023.11

ISBN 978-7-5208-2814-7

Ⅰ . ①体… Ⅱ . ①马… Ⅲ . ①体育—职业教育—教材 ②健康教育—职业教育—教材 Ⅳ . ① G807.4 ② G717.9

中国国家版本馆 CIP 数据核字 (2023) 第 241842 号

责任编辑：朱丽丽

中国商业出版社出版发行
（www.zgsycb.com　100053　北京广安门内报国寺 1 号）
总编室：010-63180647　编辑室：010-63033100
发行部：010-83120835/8286
新华书店经销
北京虎彩文化传播有限公司印刷
*
710 毫米 ×1000 毫米　16 开　15.75 印张　213 千字
2023 年 11 月第 1 版　2023 年 11 月第 1 次印刷
定价：56.00 元
* * * *
（如有印装质量问题可更换）

前言

体育与健康涉及物质文明和精神文明双重文明。随着国家经济和社会的快速发展，人民生活水平大幅度提高，民众更加向往美好的精神生活，享受体育文化，拥有健康体质，获得幸福和快乐。广泛开展全民健身活动，加快推进体育强国建设，是国家高层设计，是民众福祉所系。

作者在撰写本书时，根据现代中等职业教育理论，围绕中等职业学校学生身心发展的特点，以培养学生的运动兴趣、养成运动习惯、掌握多种体育技能，从而最终增强身心素质为目标，特别突出内容的实用性、指导性和可读性。

本书分为上下两篇。上篇总述了体育锻炼与身体健康的关系，内容主要包括体育与健康概述、体育锻炼对健康的作用、体育与卫生健康等；下篇介绍了常见的体育运动项目，包括田径运动、球类运动时尚运动项目。

本书可作为中等职业学校教学的参考用书，也可供一般体育爱好者日常锻炼与健身时学习参考。

本书在撰写过程中，参考了许多同行的学术专著和最新科研成果，作者谨向所涉引、借鉴之文献资料的原作者致以诚挚的谢意。

由于作者水平有限，书中存在错谬和不妥之处在所难免，恳请广大读者批评指正。

作　者

2023年10月

目录

上篇　体育锻炼与身体健康总述

下篇　常见体育运动项目介绍

上篇

体育锻炼与身体健康总述

第一章　体育与健康概述

健康是人生最宝贵的财富，放眼全世界，不分国家、种族、肤色、信仰，无人不希望有一个健康的身体，以便享受人生之乐，并更好地为社会服务。

但是，身体健康，受到遗传、环境、饮食、体育锻炼等各种因素的影响，其中，尤其以体育运动和健康的关系最为密切。法国思想家伏尔泰曾说：“生命在于运动。”我国坊间也流传着一句俗语：“健身之道，运动为妙。”可见，人们要想身体健康，必须高度重视体育运动。

体育也称体育运动，意味着通过身体运动的方式，来达到增强体质与身体健康的目的。这是体育的本质特点之一，这个特点，决定了在体育的功能中，包含着健康的选项。

在现代社会，科技越来越发达；人类的劳动中，体力劳动逐渐减少，而脑力劳动日益增多。 工作之余，人们的余暇时间也在慢慢增多，人们通过丰富多彩、健康文明的体育活动，不仅能在繁忙的劳动之后得到良好的休息，还可以从中陶冶情操、愉悦身心，并培养高尚的品格。

第一节　体育的概念

一、体育的定义

“体育”一词虽妇孺皆知，体育界虽高度关注体育概念的研究，但目前，在世界范围内，并没有统一的完全一致的概念定义。

比如，英语中的“体育”一词，并无统一的、唯一对应的用语，存在不同的写法，因而也包含不同的解释：主要用语有体育或体育运动、身体文化、体育活动，以及以身体活动为手段的教育（身体教育、体育教育），简称为体育（Physical education）。

（一）国际体育界关于体育的主流定义

1993年，《欧洲体育运动宪章》中对“体育运动”的界定：“通过随意或有组织参与的，旨在表现或改善身体健康和心理健康，构建社会关系或在各级比赛中取得成绩的一切形式的身体活动。”2003年，联合国体育促进发展与和平机构间工作组提出体育的定义：“促进身体健康、心理健康和社会互动的各种形态的身体活动，包括玩耍、娱乐、有组织的、随意的或比赛性的运动及土著运动和游戏。”联合国教科文等组织采用国际运动科学和体育教育理事会（ICSSPE）的定义：“体育教育是学校中唯一以身体、体育活动、身体发育和健康为基本内容的科目，旨在促进青少年养成对健康成长至关重要的体育锻炼习惯和兴趣，为成年期健康的生活方式奠定基础。”

（二）中国关于体育的主流定义

体育的概念有两种，即狭义和广义。就广义而言，体育是教育的组成部分，主要通过身体活动作为教育手段，其目的是增强人的体质和运动能力、促进人的全面发展、丰富社会文化生活和促进精神文明，其内容包括竞技运动和身体锻炼等；狭义的体育，是指以身体活动为手段的教育，是学校教育的有机组成部分。

半个多世纪以来，随着世界体育运动的不断发展，我国几代学者孜孜以求、深入探索，不断完善体育的概念、特征及功能等体育基本理论的核心命题。目前，我国业界主要采用广义的概念来界定体育，比较流行的定义：体育包括竞技体育、休闲体育、大众体育和医疗体育等方面的内容，它是一种特殊的社会现象，其宗旨是锻炼身体、增强体质、提升健康水平。

随着人类社会经济科技的进步，和世界体育事业的不断发展，体育的内涵与外延不断地拓展、变化，人们对体育的认识也在不断深化。

二、体育的内容构成

现代体育主要包含三个方面的内容，即竞技体育、学校体育、群众体育。这也是广义的体育的主要内涵。

（一）竞技体育

竞技体育也称竞技运动，是指运动员经过长期系统、科学和艰苦的训练，达到战胜对手，挑战自身体能、运动能力及心理素质的最大潜力，从而取得最佳运动成绩的体育竞赛。竞技体育包含运动训练和体育竞赛两种形式。

竞技体育具有三个特点：第一，以攀登运动技术高峰，追求更高、更快、更强为目的的竞赛性；第二，取得优异运动成绩为目的的高超技艺性；第三，提高公平竞争为目的的规则性。

现代竞技体育源远流长。在古希腊时代，已经出现了角力、投掷、赛跑等最早的运动项目，其中有数百种代代相传，发展成了现代体育项目，诸如篮球、排球、足球、羽毛球、乒乓球、体操、举重、田径、游泳等竞技体育项目，以及划龙舟、武术、赛马、舞狮等民族传统体育项目，都发轫于2000多年前。

（二）学校体育

学校体育又称作体育教育，是教育的重要组成部分，以各类各级学校在校生为参与主体，通过身体活动，增强体质，提高意志品质，培养德、智、体、美、劳全面发展人才的教育过程。学校体育对塑造学生成为完美的人起着十分重要的作用。为了实现体育、教育和发展的总目标，不同层次学校具有不同教育目标。我国的教育着重于素质教育和学生的全面发展，重视学生的思想道德素质和身心健康教育，为社会输送全面发展的高素质人才。

（三）群众体育

群众体育也称作“社会体育”“大众体育”，国外也称作“身体娱乐”。群众体育，顾名思义，是参与者主体为社会大众，活动领域遍及全社会，以愉悦身心、强身健体、防治身心疾病为根本目的的大众化体育运动。现代社会提倡“终身体育”的理念，群众性体育活动不分男女、年龄，形式生动活泼、内容丰富多彩，城镇职工、农民、老年人、妇女甚至残疾人普遍参与，社区、社会开展的娱乐、休闲、养生、医疗等各种体育活动，均可划为群众体育的范围。

群众体育形式多姿多彩，民间存在的那些户外活动群、晨练小组、驴友群、体育活动中心、社区棋社、业余球队等，都属于群众体育的范畴。群众体育都是业余和自愿的，不以竞技成绩为目的，重在参与。群众性体育活动得到广泛开展，能够提高全民族的身心素质，最能体现体育的社会功能。

在竞技体育、学校体育和群众体育中，虽各有侧重，但学校体育是体育的根本基础，抓好了学校体育，既可以为职业竞技体育输送更多更合格的运动员，也可以不断提高全社会的竞技运动水平；同时，获得过学校体育训练的学生走出社会，极大地扩大了身心健康并终身锻炼的群体，助力于提升全社会的健身运动水平和身心健康素养。

第二节　体育的功能

体育的功能，包括本质功能和派生功能。

体育具有促进人的自身发展的本质属性，因此，体育的本质功能是

促进人的全面发展，即教育。教育是影响人的身心发展为直接目的社会活动，可以说，体育的本质功能就是教育。

体育活动还能深刻影响健身、娱乐、经济、社会、政治、文化、人际交往等，于是产生了体育的派生功能。

现代体育在深度和广度两个方向不断拓展，人的个体发展与社会发展共生共荣，体育的功能随着社会的发展和体育实践的发展而不断变化和发展，在不同时代和社会语境中有不同的体现。体育的本质功能与派生功能相互交织，高度融合。

一、体育的本质功能

体育的本质功能是教育功能。体育的教育功能具有两种含义：一种是具有典型意义的学校基本教育；另一种是具有泛指意义的社会教育。

体育的教育功能广泛地作用于人类社会的各方面，它所具有的影响力，远远超越了体育的其他派生功能。

学校体育的主要作用有：培养学生的优良品德；协助完成现代教学论提出的教育性、教养性、发展性三大任务。

（一）培养学生的优良品德

学校开展体育活动，是对学生进行思想品德教育以适应未来社会生活和工作需要的重要手段。学校体育发挥体育的教育功能，培养学生未来担任社会角色所必备的修养。

学生通过体育教育，能锤炼出坚韧不拔、吃苦耐劳、顽强拼搏、无畏困难、不惧强敌、勇往直前的良好的意志品质，未来走向社会，更容易适应社会的竞争，并在激烈的竞争中脱颖而出。体育运动要求每个参与者以集体和团队为重，不计较个人荣辱得失，统一思想和目标，从而培养学生的集体荣誉感和团队合作精神。体育运动崇尚“更快、更高、更强”，学校体育有助于提升学生的运动技能，使学生享受运动的快乐，不过分看重比赛成绩，在运动中不断地超越自我，追求更完美的人生境界。

（二）协助完成现代教学论提出的三大任务

在现代教学论中，有教育性、教养性、发展性三大任务之说。学校的体育教学，可以培养学生的优良品质和行为，这就是所谓的教育性；培养学生掌握体育的基本文化知识，使欣赏体育运动的能力和体育文化素养得到提高，这就是所谓的教养性；通过学校体育，全面提升学生的综合素质，这就是所谓的发展性。

二、体育的派生功能

体育的派生功能依托于体育的本质功能，是遵循人自身的发展原则，服务于体育的间接目的所产生的效能。体育的派生功能作用于改善人类的生存环境，促进社会的发展与进步。体育运动将对人的自身关怀，扩展到经济、社会、政治、文化、人际交往等领域，既促进了社会的进步，也为自身发展创造了更好的条件，从而形成体育与社会共生共存、良性互动的良好生态。

（一）健身功能

体育是通过身体运动的方式进行的，这是体育的最基本特征。因此，在体育的功能中，“强身健体”是必选项。通过科学系统的身体运动，能够促进机体的生长发育，促进机体内脏器官机能，促进人体的运动系统、神经系统、呼吸系统、消化系统、内分泌系统、生殖系统、泌尿系统等生理机能的健康发展，促进人体的新陈代谢，促进机体对外界环境的适应能力和对疾病的抵抗能力，从而增强体质，增进健康，使人的生命力更为旺盛。

经常进行体育活动，还能使人面色红润、四肢匀称、形体健硕、肌肉结实、精神饱满、容光焕发，女人身材线条柔和，男人体格魁梧，从而增进人的身体健康之美。

（二）经济功能

体育的经济功能主要表现在：体育活动的开展，需要物质基础作为保证，需要消耗人力、物力和财力，可以产生相关的运动服装、运动健身、运动养生、运动医疗、运动器材装备、体育场馆设施、智能体育软硬件产品等需求，从而不断促进体育服务行业的发展。

此外，体育可以提高人的身体素质，促进生产力的发展；体育可以促进社会消费，拓展经济增长点，比如，通过出售体育比赛的直播和转播权，以及通过门票、体育彩票、广告代理等形式，发行邮票、纪念币等，可以产生巨额收益；人们积极参与各类室内和户外的体育运动，会带动交通、通信、旅游、商业、餐饮娱乐服务业的需求，推动了体育消费，促进了体育市场的发展，扩大了就业岗位，大大推动了整个社会的经济发展。

（三）政治功能

2019年，习近平总书记论加快建设体育强国时指出："体育强则国家强，国家强则体育强。"

体育具有政治功能，这是毋庸讳言的，任何国家都要求体育服从于国家政治的需要，同时，政治也充分利用体育的巨大的影响力。早在古希腊时代，古人就善加利用竞技体育来达到政治和平的目的，利用恢复奥林匹克竞技会的机会，确定了奥林匹克"神圣休战"公约。至今，在每一届奥运会期间，世界交战地区的交战双方也会休战，这无疑大大减少了人员伤亡，使敌对行动有所降温，甚至可能促使交战双方进行和谈。

（1）体育运动能够维护国家主权和民族尊严。体育运动离不开政治，积极参与国际性体育竞赛，实际上能起到外交的作用，使国际关系得以改善，在国际社会提升自己国家的地位和威望，彰显国家的政治软实力。比如，为抗议种族歧视，非洲许多国家拒绝参与1976年蒙特利尔奥运会。中国近代以来，通过全民体育健身，以及霍元甲等为代表的武术界前辈在擂台上战胜一个又一个外国劲敌，摘掉了屈辱的"东亚病夫"的帽子；之后，随着闭关锁国到逐步开放、全面融入世界体坛的历史步伐，体育从基础薄弱、运动水平落后逐步发展壮大，今天，中国的体育事业成就辉煌，中国已成为世界体育大国和体育强国。

（2）民族聚合功能。体育是政府凝聚和感召民心、增强民族向心力、整合和汇聚国家民众力量的重要途径。大力发展体育运动，大幅提升运动技能和竞赛成绩，可以满足国民对美好生活的向往，激发国民的荣誉情感、爱国情怀，促进国人的团结，从而极大地提升民族的向心力和凝聚力。

（3）体育具有国际政治交往沟通的功能。作为一项全球性的社会活动，体育能消除不同的文化体系和社会制度的对立隔阂，增进国家和民族之间相互了解、彼此包容，有助于全人类构建人类命运共同体的远景目标。在现代社会，体育还赢得了“外交先行官”“和平使者”等美誉。各国政府充分利用体育服务于国家的外交政策。例如，在20世纪70年代初期，我国主动邀请美国乒乓球队访华，推进“乒乓外交”，极大地改善了中美关系，被国际社会传为美谈。

（4）政治有时也能对体育的发展加以制约。在第11届柏林奥运会期间，当时的德国总理希特勒就利用东道主的政府力量，借机进行纳粹政治宣传。为了炫耀纳粹武力，特意耗费巨资，兴建了豪华的运动场地；拒绝为著名黑人运动员杰西·欧文斯颁奖。

（四）文化功能

体育是社会文化的重要内容之一，体育竞赛规则体现了制度文化，体育精神体现了精神文化，体育用品体现了器物文化。一个国家积极参与国际体育赛事和大型运动会，是展示本国正面形象、文明文化实力、民族精神风貌的绝好机遇。体育运动能够团结和凝聚社会不同的阶层、不同的人群，推动各社会力量走向统一、集中和融合，形成强大的民族合力，极大地强化民族间的文化认同。

体育竞赛倡议参与者遵守规则、坚守诚信、信守承诺、重在参与、不以输赢论成败、视集体荣誉高于个人得失，这样的体育文化精神，能辐射影响社会，推动社会和谐健康地发展。体育运动员在竞赛中所展示的顽强拼搏、永争第一的体育精神，能够鼓舞、激励世人的信心和斗志，人们以杰出的体育运动员为榜样，在所在的行业、领域不畏困难，勇往直前，不断创造佳绩、实现人生自我价值。

国际奥运会、世界杯、亚运会等大型国际体育赛事，是主办国向世界彰显民族文化、展示国家形象、提升国际影响力的舞台，不同国家、地区、肤色、信仰的运动员同台竞技，不同国家的观众共同欣赏、庆祝，促进不同民族和国家间相互了解和文化融合，消弭文化分歧和隔阂，促进各民族的文化融合以及人类命运共同体的建立。

（五）娱乐功能

大多数体育比赛既紧张又刺激，胜负结果充满了悬念，比赛过程对观众具有很强的吸引力；参加体育比赛或者健身的运动者，也从中获得极大的乐趣，因此，体育具有娱乐的属性。亲身参与以及欣赏助威，是体育娱乐功能的两个基本途径。“友谊第一，比赛第二”为绝大多数运动员所尊崇，他们通过比赛，既获得了乐趣，同时也收获了友谊。

现代社会，科学技术日益进步，人类的生产劳动向机械化、信息化、智能化飞跃，一方面，劳动者获得了更多的闲暇，出现了更多的体育娱乐与休闲运动的机会、更丰富的精神文化需求；另一方面，劳动时精神高度紧张，身心疲惫，体育娱乐与休闲运动可以消除疲劳、愉悦身心、陶冶情操。在网络化时代，现代传媒技术高度发展与普及，通过网络、电视直播和转播来观赏各类运动竞赛与体育活动，已成为当代人休闲娱乐的主要方式之一。

（六）交流功能

在参与合作性、集体性的体育运动过程中，能够增进人与人之间的交流，增强人与人之间的相互了解，改善人际关系，培养参与者的合作精神、公平竞争精神，使参与者获得自信，从而改变不合群的个性和行为方式。在体育活动中学会的合作、竞争和遵守规则等精神意识，会润物细无声地影响人们的日常言行，在社会上能够尊重他人、遵守各项规章制度，使人际关系趋向和谐美好。举办国际性大型体育赛事，可以增进不同国家和地区的交往，促进国家与国家之间、不同民族之间的相互了解和相互信任，有利于促进人类社会的和平与和谐。

（七）军事功能

体育与军事密不可分，都需要身体强健、勇猛顽强、吃苦耐劳、意志坚定，在两者的发展过程中，彼此借鉴相互促进。许多产生于古代并流传至今的体育项目，比如赛跑、划船、游泳、摔跤、器械对打等，原本是古人为应对战争而进行的军事训练中所创造出来的。我国古代军事训练中就有了射、御等田猎项目，到了近代，北洋水师学堂开设一系列现代意义的体育项目，比如击剑、游泳、拳击、哑铃、足球、跳高、跳远等；现代的军校和军营，也借用许多体育项目来训练学员和士兵，以增强体质、磨炼意志，最终提高部队的战斗力。

第三节　身体素质与身体健康

一、身体素质与身体健康的关系

身体素质以遗传、变异和后天获得性为基础，其内容包括形态结构、生理功能、心理因素、身体素质、适应能力等。

身体健康是精神、肉体和作为社会人多方面健全发展，没有内在的疾病和外在的伤害，无论是身体还是精神，都能够迅速完全地适应社会。

身体素质与健康两者关系密切，健康是评价身体素质的基本条件，而身体素质是健康的前提条件。

二、健康的概念与健康的标准

（一）健康的概念

就像体育概念一样，健康至今也没有统一的全球通用的定义。目前，世界比较公认的健康定义，是1948年世界卫生组织（WHO）在章程序言中的界定："健康不仅是没有疾病和病痛，而且是个体在身体上、精神上、社会上完满的状态。"这个定义非常全面，不仅指出了健康是没有疾病或病痛，还指出了健康应该包括身体上、精神上和作为社会人都臻于完满的状态。

为获得健康，人们必须经常进行运动或者体力活动，掌握必要的养生知识，平时学会自我保健保养，在生活方式上形成健康的习惯，从而在身心两方面都达到健康的标准。

（二）健康的内涵

显然，无病的状态并不等同于健康。1990年，世界卫生组织进一步修正了健康的内涵："健康应包括身体健康、心理健康、社会适应良好和道德健康。"

也有人更详细区分，提出健康内涵包括八个方面：体力、技能、形态、卫生、保健、精神、人格和环境。

我们认同世界卫生组织所提出的健康内涵，认为真正的健康应该同时包括四个方面——身体健康、心理健康、社会适应良好以及道德健康，它们相互联系、相互影响，缺一不可。

（1）身体健康。指人既没需要有高度治疗的身体疾病，同时还有余力应对意外的挑战，并有足够的能力满足日常生活的需要。身体健康者，身体发育正常，精力充沛，不紧张、不易疲劳，抗病能力强，体重适当，体形匀称协调，反应敏锐；眼睛明亮、头发有光泽、牙齿洁白、气色好；生活有规律、食欲好、睡眠质量好等。

（2）心理健康。指人不仅精神、情绪和意识方面状态良好，而且必须具有情感认知、接受、表达、独立行为以及应对日常各种应激挑战的能力。心理健康者，了解自我、接纳自我，热爱生活、乐于工作，身体与情绪协调，心境良好；有幸福感和满足感；情绪稳定乐观，意志坚强，行为规范协调，精力充沛，能从容不迫应对日常生活中的人际关系和工作压力；乐于承担责任，作出挑战反应，能面向未来，充满信心，能理性对待生活。

（3）社会适应良好。指人能适应社会、融入社会，正常进行社会交往，人际关系良好。当人与环境有所冲突时，能接受和遵从新环境的规范和准则，主动顺应时势，或改变自己的态度、价值观，进行自我调整，以适应新的环境，或者能改变环境使之适合自身的需要。

（4）道德健康。指人参与社会活动，能遵循自然界和社会生活中的规律、规则和规范，为人处世能与他人保持和谐的人际关系；能够按照当下的社会道德行为规范准则，约束支配自己的思想和行为，具有辨别真、善、美、荣、辱的是非观念和能力，在日常生活中，能做到心态良好，在思想和行为上都具有高尚的道德修养，为社会发展奉献自己的力量。

如果不遵守道德，就会伤害人的身心健康。因此，为加强人们的道德修养，养成良好的道德行为习惯，成为道德健康的人，可通过举办道德健康讲座、开展普法活动等形式，培养人们的最高道德境界。

（三）健康的标准

为了便于向全世界普及健康知识，世界卫生组织曾经制定出衡量人类健康的十条标准：

（1）精力旺盛，能从容不迫地应对日常生活和工作；

（2）处世乐观，态度积极，乐于承担责任；

（3）应变能力强，能适应环境的各种变化；

（4）善于休息，睡眠质量好；

（5）对一般感冒和传染病具有一定的抵抗力；

（6）体形匀称，体重适当，身体各部分发育比例协调；

（7）思维反应敏捷，眼睛明亮；

（8）牙齿清洁，无损伤，无病痛，齿龈无出血；

（9）头发有光泽，没有头屑；

（10）走路轻松，肌肉、皮肤富有弹性。

对照这些标准，我们就可大致了解自己的健康状况。

此外，世界卫生组织还曾提出过“五快”“三良好”的健康标准，因为易记且易理解，而更广为人知。

其中，“五快”是指人体生理健康标准，“三良好”是指心理、精神健康标准。

“五快”：

（1）吃得快。指胃口好、不挑食、吃得迅速，表明内脏功能正常。

（2）便得快。指上厕所时很快排通大小便，表明肠胃功能良好。

（3）睡得快。指上床能快速入睡，并能达到熟睡、深睡，醒来时精神饱满、头脑清醒，表明中枢神经系统的兴奋、抑制功能协调，且内脏没有受任何病理信息的干扰。

（4）说得快。指语言表达准确无误、条理清晰、吐字流利，表明思维清晰敏捷，反应良好，心肺功能正常。

（5）走得快。指行动自如且下肢关节转动敏捷，表明下肢功能良好，因为人的疾病和衰老往往从下肢开始。

“三良好”：

（1）良好的性格。指性格温和、情感丰富、心胸开阔、意志坚强、豁达乐观。

（2）良好的处事能力。指能客观地看待问题，能适应复杂的社会环境，能自如地面对宠辱得失，具有自我控制能力，对事物的变迁保持良好的情绪，常有知足感。

（3）良好的人际关系。指待人接物能够做到宽厚宽容，在小事上不斤斤计较，不与人争吵，不挑拨是非，不背后说人短长，不怀恨、不记仇，能助人为乐，与人为善。

三、影响健康的因素

1988年，世界卫生组织曾经提出，人是否健康，取决于多重因素，其中，起决定性作用的是自己，占了60%；15%取决于遗传，10%取决于社会因素，医疗条件占8%，生活环境和地理气候条件的影响占7%。

就个体而言，遗传、社会因素、医疗条件、生活环境和地理气候条件这些因素，都是客观存在的，是不以人的意志为转移的，一般难以改变。在属于个体的因素中，职业与经济状况也是相对固定的；个人的文化程度、品质修养、志趣、爱好以及跟家庭成员间的相处关系，一般情况下也不会发生大的变化；那么，个人的饮食习惯、运动状况、情绪和心理变化，就成为影响健康的最关键因素。所以，一个人要想获得健康，就必须注意每日的饮食是否适宜，是否坚持体育锻炼，能否很好地控制情绪和心理变化起伏。

苏联医学博士兹马诺夫斯基提出过一个“健康公式”：

$$\text{人的健康}=\frac{\text{良好情绪（或稳定）}+\text{运动（锻炼）得当}+\text{饮食合理（或适宜）}}{\text{懒惰}+\text{烟酒}}$$

在兹马诺夫斯基看来，人的健康与良好情绪（或稳定）、运动（锻炼）得当和饮食合理（或适宜）成正比，与懒惰不爱劳动和运动、嗜烟嗜酒成反比。

四、亚健康状态

世界卫生组织制定出衡量人类健康的十条标准后，据一项统计，对照这10条标准，只有15%的人能达到健康标准，15%的人患有轻重不一的各种疾病，而大多数人处于健康与疾病的中间状态，即机体无明确疾病，但活力降低、适应能力出现不同程度减退，时常感觉乏力、头晕、耳鸣、心悸、烦躁等，处于虽然检查不出疾病但又不完全健康的状态。

医学上，通常把人体的最佳健康状态称为“第一状态”；把人对外界环境变化的适应能力降低，劳动能力受到限制或丧失，人体正常生理过程受到损害并出现一系列临床症状的状态，称为“第二状态”。

医学上还有“第三状态”之说。现代社会，工作上的竞争日益激烈，生活上的节奏日益加快，越来越多的人难以适应快速的节奏，人体免疫力和抵抗力日趋减弱，慢慢出现头痛、头晕、心悸、失眠、食欲不振、疲乏无力等不适症状，医学检查往往并无明确的机体疾病。这种介于健康和疾病中间的状态，被称作“灰色状态”或“第三状态”，社会上习惯把这种状态称作“亚健康状态”。

一般认为，引起亚健康状态的因素有：其一，过度疲劳，身心透支；其二，不科学的生活方式，如经常性不吃早餐、偏食、暴饮暴食、饮食时间和食量没有规律等；其三，长期生活在噪声污染、空气污染、遭放射性物质辐射的环境中。

亚健康状态往往是遗传性疾病的潜伏期，必须引起高度注意，尽快消除引起亚健康状态的因素。

第四节　不同年龄阶段身体机能特点

一、儿童和青少年时期

人在儿童和青少年时期，身体组织器官处于不断生长发育阶段，但实际上只是生殖系统尚未发育成熟，其他器官的发育跟成人几无差别，大脑皮质抑制、理解、分析、综合能力增强。骨骼短细，软骨成分较多，还未完成骨化过程，在骨组织内，水分和有机物成分占了主体，无机盐较少，因此坚固性较差，硬度较小，承受压力和肌肉拉力较差，但骨的弹性与柔韧性好，不易发生骨折，如果不注意保护，容易受伤弯曲变形。这个时期的肌肉内，水分相对较多，蛋白质和无机盐含量较少，肌肉富有弹性，力量较弱，耐力差、易疲劳。

儿童和青少年随着年龄的不断增长，身体机能变化较快，机体内的肌肉重量和力量不断增强，但心脏的发育相对较慢，收缩力弱、心率快，收缩压低。呼吸肌的力量弱、呼吸浅、频率快、肺活量小。大脑皮层神经的兴奋和抑制过程不均衡，兴奋占优势，易扩散。因此，儿童和青少年的注意力不容易集中，他们活泼好动，物质代谢十分旺盛。

这个时期身高和体重变化大，在心理上会产生很大的影响，“成人感”和“美感”明显增强。相对机体的迅速成长，而心智发展有些滞后，导致机体与环境之间容易失去平衡。

二、青壮年时期

青春发育期，是肌体生长的第二次加速期。性别不同，身体发展存

在差异，一般17岁后身体生长速度减慢，女孩的青春发育期比男孩早1～2年，但男孩的生长发育期比女孩长。进入青春发育中后期后，人体各器官、系统的结构与功能发育基本成熟，骨骼生长发育进入稳定阶段，脊椎骨到20～22岁、髋骨到19岁后完成骨化。

虽然人体新陈代谢总的发展规律是不可改变的，但变化的速度是可以控制的。因此，在这个时期应积极进行体育锻炼，为中老年时期的健康打下坚实的基础。通过锻炼，可以进一步促进机体新陈代谢，提高机体的健康水平。现实世界大量实例证明，同样年龄和同样性别的人中，经常参加体育锻炼的比不经常参加体育锻炼的人，身高要高出五六厘米甚至10厘米以上，而且身体更加健壮，也更加结实。

青壮年时期是人一生机能状态的“黄金时代”，机体的反应力、耐力、心肺功能和代谢率等逐渐达到一生的巅峰。

这一时期，机体的同化与异化作用差不多达到平衡状态，骨化已经完成，坚韧性强，能承受较大的生理负荷量，身体各器官系统的发育基本完成，各器官功能趋于完善、成熟，是生命力最为旺盛的时期。肌肉的弹性和伸展性增强，力量增大。心、肺系统发育已趋完善，心率和呼吸频率相比儿童和青少年时期会减缓，但肺活量增大了。

神经系统的兴奋和抑制过程较为平衡，工作能力处于最佳时期。不过，人在此时期多为家庭和社会的骨干，必须注意通过体育锻炼等方法，防止透支身体健康。

三、中老年时期

人到中年，机体生长已经停止。40 岁左右是人生的一道“坎”，人体的骨骼、肌肉开始逐步衰退、流失，代谢变得越来越缓慢。随着年龄的进一步增长，人体各器官系统的功能开始逐渐衰竭衰老，直到死亡。这一时期，机体异化作用逐渐占优势，组织器官功能开始下降，机体开始衰老。

更年期后，妇女排卵功能消失。

过了70岁，身体机能衰退得更加明显，心血管系统的功能减弱，易患心血管疾病；呼吸功能降低，易患呼吸系统疾病；运动系统机能衰退，骨骼的坚韧性降低，易骨折，肌肉、韧带的弹性和力量变差，易萎缩；关节更容易酸痛、骨质疏松、腿脚乏力；神经系统的灵活性、协调性降低，内抑制增强。

老年人经常会感觉精力衰退，体弱多病，力不从心。因而，在中老年时期，更应坚持体育锻炼，有助于改善整体代谢机能，增强免疫力，提升生活质量。

第二章　体育锻炼对健康的作用

身体健康包括人体正常的生长发育、生理机能和对自然、社会环境变化的适应能力。实践证明，长期坚持科学的体育锻炼，能极大地促进和改善身体健康状况并防治疾病。

体育对身体健康的促进作用是全面性和整体性的，其本质是通过适宜的运动改变身体代谢状态和神经体液免疫等调节系统功能，提升心脏、血液循环、消化系统等系统的机能水平，使器官结构发生良好变化，促进人体新陈代谢，使人体的同化作用和异化作用趋向旺盛状态，从而提高人体的生命力。

具体而言，体育锻炼能够改善和提高人的中枢神经系统和内分泌系统的工作能力，能够促进新陈代谢，改善血液循环和呼吸功能；能够改造人体器官系统，促进机体生长发育进程，人体免疫能力和机体的抗病能力得到提高；能够提高人体对外界的适应能力；能够发展速度、力量、耐力、灵敏、协调等素质，提高运动系统的技能；促进心理健康；可以提高机体对环境条件的适应能力，增强抗病能力，有效缓解机体适应能力的衰损，使中老年人较长时间保持旺盛的精力。

第一节　体育锻炼的内容和对健康的作用

一、体育锻炼的内容

体育锻炼，根本目的在于促进力量、肌肉耐力、柔韧性和心肺系统功能，降低超重并增加瘦体重，强身健体以及延年益寿。只要能达到上述大部分目标，就能促进身体上、情感上和心理上的健康。

（一）健身运动

健身运动是指平时身体比较健康者希望长时间保持健康状态、塑造健美体形、增强体质而进行锻炼，包括散步、跑、跳、踢球、练哑铃、举重、打太极拳、游泳、跳广场舞、做健美操等。健身运动的目的，就是增进身体正常发育，控制体重、预防发胖，塑造健美形体，促进身体各部分协调发展，使身体素质不断提高。

（二）竞技体育

竞技体育是指为了最大限度发挥个体或群体在体格、体能、技艺、心理、智力和运动能力等方面的潜能，竞争最优异成绩名次而进行科学的、系统的运动训练和竞赛活动。竞技体育具有四个显著特征：其一，以攀登运动技术高峰，追求更高、更快、更强为目的的竞赛性；其二，以获取优异成绩排名为目的的高超技艺性；其三，以提高公平竞争为目的的规则性；其四，参与者具有职业性，训练具有专业性。一些格斗性体育项目像擒拿、散打、拳击、射击等也可归于此类。

（三）娱乐性体育

为了娱乐身心、增强体质并使文化生活丰富多彩而进行的体育活动，就是娱乐性体育。娱乐性体育带有很强的娱乐、休闲特性，主要包括一些活动性游戏，比如滚铁环、踢毽子、钓鱼、郊游、爬山、打台球等。这类活动既锻炼身体，又陶冶情操。

（四）健美运动

健美运动是指为了造就形体健美而进行的体育锻炼。健美运动项目主要有举重、做哑铃操、瑜伽、运动技巧、做韵律操等。这类活动不仅可以增进健康，控制体重、预防发胖和减肥，还可以培养审美能力和身体的表现力。

（五）养生医疗体育

美国一位运动生理学家曾经说过：“运动不是药，它更不能包治百病，但它对人体的积极影响作用是任何药物都难以替代的。有规律的运动对身体健康有很大的益处。”

体育与医学具有预防和治疗疾病的一致的宗旨，在现代社会，体育学和医学联系日益紧密。当前，社会上出现了运动医学、传统养生、医疗体育、康复医学，都是两者相结合的产物。体育与医学互相配合、互相促进、互相补充，能更快地实现人人健康的共同目的。养生医疗体育又被称作体育疗法，其适用对象主要是体弱多病者，包括散步、慢跑、练气功、打太极拳、练习八段锦、做各类保健操等。现代医科大学也在注重培养懂得养生医疗体育的新型医生和高级医务工作者。

二、体育锻炼的生理作用

人体由呼吸系统、神经系统、消化系统、循环系统、运动系统、排泄系统、生殖系统、内分泌和感觉器官等组成。进行体育活动，需要人体各器官的系统协调和配合；反过来，体育锻炼也能促进各器官系统良好运行。但是，如果体育锻炼不得法，反而会有害健康，甚至还可能产生过度疲劳、身体损伤等问题。

长期坚持科学、系统的体育锻炼，可使人体格强壮、精力充沛，有效地促进智力的发展，培养良好的情绪体验，形成和谐的人际关系，促进坚强品质的形成，不仅能增进心理健康，而且有效防止心理疾病的产生。

体育锻炼促进身体健康，其生理作用具体表现为：

（一）体育锻炼对神经系统的作用

神经系统在人体的功能，相当于最高司令部，人体器官系统的功能都是直接或间接受到神经系统的调节和控制。人们进行体育锻炼，实质是人体的反射活动，包含着返回冲动，形成回路的神经联系，即反馈的神经联系。经常参加体育锻炼，将对人体神经系统产生良好的影响，从而使各器官系统在执行神经系统的“命令”中，提高本身的机能。

（1）经常参加体育锻炼，可以使神经系统的反应能力得到改善和提高，思维更加敏捷，身体协调性更强，学习认知能力、工作效率得以提高，防治神经衰弱；

（2）经常参加体育锻炼能够消除脑细胞的疲劳，使学习和工作的效率得以提高；

（3）经常参加体育锻炼能调节中枢神经，还能改善睡眠。

（二）体育锻炼对运动系统的作用

运动系统由骨骼、关节、肌肉三部分组成，是人们从事生活、工作、劳动和体育运动的器官。积极参加体育锻炼，能使运动系统各个部分更加坚固、灵活、结实、粗壮而有力，可以增强机体肌肉耐力和加强骨密度，促进体格发育生长，使锻炼者肌肉发达，形体健美。例如，体操运动员的上肢和胸背肌肉、跑跳运动员的腿部肌肉都比常人结实粗壮，无须用力收缩就能看到明显的轮廓，形体更具美感。

（三）体育锻炼对呼吸系统的作用

呼吸系统包括鼻、咽、喉、气管、支气管、肺等，是人体进行气体交换的通道。人体生命力需要能量维持，能量来源于体内营养物质的氧化。人体通过无间歇的呼吸运动，吸进氧气排出二氧化碳。经常参与体育锻炼，能够锻炼心肺功能，增强呼吸肌的力量，改善心肌收缩能力，使胸围、肺活量增大，呼吸深度加深，提高人体的吸氧能力，并能在缺氧环境中更加耐受。尤其是肺功能减弱的病人，通过体育锻炼，可以有效增加肺活量，从而协助治愈疾病。

（四）体育锻炼对消化系统的作用

消化系统由口腔、咽、食管、胃肠、胰腺、肝脏和肛门组成。人体通过生物化学和物理两种作用完成消化和吸收的过程。体育锻炼可以改善消化功能，提高人体的免疫能力。

（五）体育锻炼对新陈代谢的作用

体育锻炼能深刻影响人体的新陈代谢。

（1）可以提高机体的代谢水平，加速脂质的代谢，使血液中的胆固醇含量降低，从而能够降低血脂水平，降低肥胖症、高血脂、糖尿病的发病风险；

（2）可以增强输送葡萄糖的运输能力，通过增加胰岛素和葡萄糖的输送，从而降低血糖；

（3）可以增加骨密度，增强关节的稳固性，可以使肌纤维变粗；

（4）可以改善心肌的收缩能力，从而起到预防冠心病的作用。

（六）体育锻炼可以增强与健康相关的身体素质

人的心肺耐力、身体成分、肌肉力量、肌肉耐力和柔韧性五大身体素质跟健康息息相关。其中，尤以心肺耐力和身体成分最为重要。体育锻炼可以增强心肺耐力，也可以明显减少多种慢性非传染性疾病尤其是心血管疾病。

三、静坐少动对身体健康的危害

一个人如果每周参加中等强度的运动不足150分钟，或者每天步行不足 5000步，这种生活方式就可界定为静坐少动。如果长时间处于这种状态，就容易成为慢性非传染性疾病的重要诱因。在1994 年，世界卫生组织提出，静坐少动的生活方式是当今慢性疾病发生的第一独立危险因素。静坐少动引起的慢性非传染性疾病，至少包括肥胖症、高血压病、冠心病、骨质疏松症、糖尿病前期、2型糖尿病等。如果静坐少动者恰好叠加超重肥胖，其对生命的危害程度更甚。

而坚持体育锻炼，则能够改善免疫机能和体质，提高机体免疫力和抵抗力，预防各种慢性非传染性疾病，以及自身免疫性疾病及乳腺癌、结肠癌等。相较那些静坐少动、不爱运动的人，坚持体育锻炼者步入衰老期的年限可以延缓9年，他们的寿命相应地也会增加。

体育锻炼对人的健康促进和疾病防治的效果，与锻炼负荷量和锻炼方法密切相关，不同的健康促进和疾病防治需求，相应要求不同的锻炼负荷和锻炼方法。联合国和世界卫生组织都曾一再告诫，科学锻炼运动是减少慢性疾病风险的最有效策略。

需要注意的是，普通人不宜长时间进行剧烈的运动，否则可能出现心悸、冷汗、胸闷等症状；对于那些患有低血糖、甲亢、心脏病的患者，不建议采用体育锻炼的方式来改善健康。

第二节　体育锻炼与体重控制

一、超重和肥胖问题

随着科学技术的不断发展，现代社会物质越来越富足，在许多国家和地区，人们的生活水平显著提高，食物和营养结构发生了巨大的变化，越来越多的人出现营养过剩，加上缺乏体育运动，以致越来越多的人形体发胖、体重超标。

每个人的身高、体质不同，那么，什么样的体重，属于超重或肥胖？有一个体重和身高关系的计算公式如下：

女性标准体重（千克）=身高（厘米）–105

男性标准体重（千克）=身高（厘米）–100

一个人的实际体重在标准体重上下浮动5%以内，都属于正常范围；如果实际体重大于计算出来的标准体重的10%，那么，就属于超重或肥胖。

我国医学界常采用“身体质量指数”（BMI）来评判人体的营养状况、胖瘦程度或身体发育水平。

身体质量指数又称体重指数、体质指数，其计算公式如下：

BMI=体重（kg）/身高^2（米^2）

现在，BMI被普遍用于评价人体营养状况、胖瘦程度或身体发育水平。

在我国，成年人BMI的界定标准是：

BMI在18.5~23.9千克/米^{2}之间属于正常范围；

BMI小于18.5千克/米^{2}属于体重偏低；

BMI大于或等于24.0千克/米^{2}小于27.9千克/米^{2}属于超重和轻度肥胖；

BMI大于28.0千克/米^{2}属于肥胖状态。

上述身体质量指数正常值范围仅适用于我国普通成年人，不适用于孕妇、肌肉特别发达的个体以及其他人种；不同学术机构制定的正常值标准存在一定的差异，因此，不同医疗机构出具的指标参考值可能会有一定的差异。

超重和肥胖症就是能量摄入超过了能量的消耗，导致体内脂肪堆积过多。每个人遗传特点和生活方式不同，对能量摄入、食物的生热作用和体重调节反应有所不同。此外，导致肥胖的因素，还有长期保持不良的生活方式、环境因素以及缺乏体育锻炼。

实际上，超重和肥胖已成为当今一个日益严峻的全球性公共健康问题。

在世界发达国家和地区，超重和肥胖症现象更为严重。比如，美国成年人中超重和肥胖症患者已超过七成。美国曾经有专家研究表明，根据1960—1991年的调查数据推测，到2030年左右，美国所有成年人都将加入超重者行列。

目前，我国公共卫生面临的最大问题，除了糖尿病、心脑血管疾病等日益增多外，肥胖人群也越来越庞大，造成个人巨大的经济负担和医疗支出的负担。导致这些问题的最基本原因之一，是人群普遍缺乏体育运动和体力活动。

尤其令人担忧的是，近年来，和父母长辈相比，儿童和青少年膳食结构及生活方式发生了深刻变化，普遍存在营养过剩或者营养不均衡、身体活动不足现象，加上课业负担重、惯用电子产品，致使我国肥胖的低龄化趋势越来越明显，儿童和青少年的肥胖率呈现快速上升趋势，已严重威胁他们的身心健康，给他们的身体健康埋下了隐患。

二、超重和肥胖对健康的影响

超重和肥胖对人体的健康和寿命有着严重的影响。1948年，世界卫生组织把肥胖症也归于疾病的一类，认为肥胖症是一种由多因素引起的慢性代谢性疾病。

研究表明，BMI跟慢性疾病有关，BMI值大于24.0千克/米^2，人体即潜在患病的危险，数值越高，慢性疾病的发病率也就越高，如果低于18.5千克/米^2，慢性疾病发病率也会明显增加。

肥胖使人走路、跑步气喘吁吁，致使许多肥胖者害怕跑步，甚至放弃锻炼。肥胖会影响脑血管的正常功能，可以引起中风，对呼吸系统、心血管系统，肝脏、胆囊等多个部位都有着不良影响，和体重正常者相比，更容易患上高血糖、高血压、高血脂，疾病的发生率都有所增加。

过分肥胖、体重过重会影响人的外在美，也会影响人的正常生理功能，大概率会加重心脏的负担，随着年龄的增长，会严重地危害人的身体健康，缩短人的寿命。如果一个人的皮下脂肪相较正常标准超过15%～25%，其死亡危险率会增长30%。

维持身体质量指数长期处于正常值范围，预防体重增加和发胖，被认为是阻止心血管疾病风险因子的最简单方式。心血管疾病风险因子包括血脂异常、血糖异常、吸烟等风险因素。控制体重，就可以将随着年龄增长的心血管疾病风险因子减小到最低程度。

儿童和青少年如果身体脂肪过多，不仅影响正常发育，还会增加成年期肥胖、心脑血管疾病和糖尿病等慢性病过早发生的风险，对健康造成威胁，给个人、家庭和社会带来沉重负担。

为积极防控儿童和青少年超重肥胖，国家卫生健康委办公厅、教育部办公厅等六部门曾联合发布了《儿童青少年肥胖防控实施方案》。该方案提出了防控超重肥胖问题的总体目标，以监测到的2002—2017年超重率和肥胖率年均增幅为基线，从2020—2030年，总体上将18岁以下的儿童青少年超重率和肥胖率年均增幅降至七成。围绕强化学校、家庭、政府、医疗卫生机构的责任，出台了一系列的措施。

三、体育锻炼与体重控制

世界医学名著《哈里森内科医学原理》提出，在任何减肥程序中，体育锻炼都应当是重要的内容，在减肥程序中整合进规律性的锻炼，可以使超重或肥胖者较好地维持降低后的体重……锻炼能够增加能量消耗，从而很好地降低体重，极大地改善心理和循环系统的功能。

体育锻炼能全面增进人的健康水平，具体表现之一，是能有效地助力控制体重并改变体型。

人摄入的能量如果比消耗的能量更多，就会不断增加能量的储存量，加快脂肪的堆积和脂肪细胞的成熟，从而引起肥胖和超重。

体育锻炼之所以能控制体重和减肥，是基于运动能消耗人体的能量。

人体的能量消耗主要有三个途径：其一，维持人体基本生理功能正常运转的基础代谢率；其二，在消化食物、运输营养素和储存的能量方面的消耗；其三，人体日常活动和运动的能量消耗。

一般来说，人体的基础代谢率和食物的热效应是相对不变的，最大的变动因素，是人进行体力活动和体育锻炼时会消耗能量。虽然不同的超重和肥胖个体的基础代谢率和食物的热效应有差异，但差异幅度仅为 836千焦/天，而通过体力活动和体育锻炼产生的热效应，远远超过这个数值。与体重正常的人相比，同样的活动和锻炼，可以使超重肥胖者消耗更多的能量，从而有利于控制体重。

对于超重或肥胖者，相较于节食，体育锻炼是一种更长效的体重控制方式，体育锻炼能同时提高身体机能，在体重降低后，能继续维持下降后的体重，实现持续的、长期的效果。

“长练筋长三分，不练肉厚一寸。”民间俗语揭示出，体育锻炼能燃烧多余的脂肪，增强关节的柔韧性，使肌肉更具力量，所以可以控制体重，不容易使人发胖。

就像疾病防治一样，在控制体重方面，哪怕是采取很小一点预防措施，其效果也强于费心劳力地治疗。实践证明，作为一种可以持续的措施，预防肥胖、控制体重方面，体育锻炼作用巨大。

长期坚持体育锻炼和体力活动，会大大降低患上慢性疾病的风险。即使体重并没有减少多少，只要坚持锻炼和运动，这种风险也会随之下降。最近的一项运动生理学研究表明，即使少量的锻炼和活动，比如每天做两小时以上的简单家务劳动，也能降低9%的肥胖和12%的2型糖尿病的患病风险；每天步行锻炼1小时能够降低 24%的肥胖和34%的2型糖尿病患病风险。

四、体育锻炼与减肥

（一）体育锻炼对于减肥的作用

1. 能够消耗多余的能量和脂肪

运动可以消耗人体多余的能量。运动生理学研究表明，中等强度运动1小时，可以消耗300～450千卡能量，坚持运动 20 天到1个月，就可以减少1千克脂肪。

2. 中低强度的锻炼可以减少食欲

研究发现，较大强度的体育锻炼，会过多消耗人体中的葡萄糖，会促进食欲增强；中低强度锻炼的能量消耗，主要来源于体内的脂肪，会促使人减少食欲。所以，超重和肥胖者适宜采用低强度和长时间的锻炼，会比高强度运动消耗更大比例的脂肪能量。

超重和肥胖者如果坚持中低强度的体育锻炼，会不断提高身体素质，当身体素质得到提高后，可以采取更大强度的锻炼，促使机体更好地利用脂肪。

3. 可以降低血清胰岛素，减少疾病的发生

现代医学研究发现，肥胖者血液中的胰岛素水平较形体正常者更高，过量的胰岛素会发生胰岛素抵抗，从而产生一系列肥胖病。肥胖者血液中居高不下的胰岛素水平，不能发挥正常所需要的作用，但通过长时间的体育锻炼，可以增加机体组织对胰岛素的敏感性，可以促使血液中的胰岛素水平下降，减少胰岛素抵抗，进而减少疾病的发生。

4. 可以提升自我满意度和自信心

肥胖者往往比较自卑，不愿意跟体重正常的人在一起运动，但只要坚持体育锻炼，慢慢就会减去多余的脂肪，体态逐步向正常人靠拢，不良的心理状态会逐步改善，从而提升自我满意度和自信心，改善集体活动的参与意识，获得更多的心理平衡。

5. 可以防止瘦体重的减少

人们常常采用节食和运动两种方式减肥。但是，如果仅仅通过节食造成能量负平衡，那么，在脂肪体重下降的过程中，瘦体重也会相应地减少。而体育锻炼可以防止减肥过程瘦体重的减少。体育锻炼造成能量负平衡，通过消耗能量来减少脂肪体重，能够保留或者增加肌肉的重量，这对于人体健康是非常重要的。

（二）肥胖人群的运动适应证和禁忌证

相对于无氧运动，有氧运动更有利于减肥。所谓有氧运动，是指人体在氧气充足的情况下进行的体育锻炼。锻炼者在运动时吸入的氧气基本等同于机体的需求，促使生理功能趋于平衡。

经常进行有氧运动，能增强肌细胞的胰岛素受体功能，使组织与胰岛素的结合能力得以改善，机体进而分泌出较少的胰岛素；因为胰岛素能够抑制脂肪的分解，机体内胰岛素一旦减少分泌，就会加快脂肪的分解，进而降低体脂。

肥胖者的年龄一般不作为运动禁忌证的范围，无论老幼，都可以参加体育锻炼。超重和肥胖人群只要没有严重并发症，都可以通过体育锻炼的

方式减肥。不过，对于并发有严重的高血压、严重糖尿病或者心脏病等内脏器官病变的肥胖者，应首选药物治疗或者其他的医学手段进行干预，而非体育锻炼；只有当控制病情并处于相对比较稳定的状态时，才可以进行体育锻炼。

（三）肥胖者适宜的体育锻炼方式

美国运动医学协会曾提出过一个运动处方，用以指导减肥或控制体重。

运动目的：促使消耗更多能量。

运动方式：最好是步行，可选择方式还有水中运动、攀登楼梯和骑自行车等。

运动强度：靶心率范围的低限，VO_2max的50%～60%。

运动频率：每周至少锻炼3次。

持续时间：按照不同运动方式可以消耗836～1254千焦能量的时间。

参照以上处方，适宜肥胖者进行的体验锻炼方式主要有以下五种。

1. 步行

在有氧运动中，由于走路、跑步和跳跃时腿部都要承受体重，而腿部负重越大，对于关节损伤就会越重，会影响肥胖者参加锻炼的依从性，所以，肥胖者刚开始进行体育锻炼时，最适宜步行这种低负重的有氧运动。进行步行的有氧运动，可以提高肥胖者的心肺耐力，消耗脂肪，改变机体的代谢状态。

2. 攀登楼梯

攀登楼梯也是适宜肥胖者的一种较好的有氧运动。需要注意的是，因为肥胖者心肺耐力通常都比较低下，就要求攀登楼梯时，上楼速度不宜太快，不要累得上气不接下气的程度；又因为下楼梯肌肉的退让型收缩加上重力作用，对关节的损害会比较重，所以下楼梯不宜下得太多。比较合理的做法是，慢慢徒步走上10层左右的楼梯，然后坐电梯下楼；稍事休息后，重复练习。

3. 在齐腰深的水里步行

游泳是一种比较好的减肥方式，但问题是，不是所有的肥胖者都会游泳或者都能浮游起来。不妨采用相近的锻炼方式，即在齐腰深的泳池里步行。

4. 抗阻练习

每周对全身主要肌群进行2~3次的抗阻练习，可以增加肌肉的重量、力量和耐力。

5. 柔韧性练习

肥胖人群每周应该进行2~3次的柔韧性练习，对各部位进行拉伸，可以改变关节的活动度，拉伸到拉紧或者轻微不适状态，保持10~30秒，然后稍微休息一下再重复两次。

此外，还有有氧健身操、有氧秧歌舞、有氧健身舞蹈等较长时间中等强度的有氧运动，也适合肥胖者练习，有利于减肥和增加瘦体重。

五、运动减肥的认识误区

通过体育锻炼来减肥，存在不少认识误区，主要有以下几点。

（1）减脂的速度越快越好。实际上这是错误的认识。肥胖者进行减肥，一定要有一个循序渐进的过程，要让身体逐步适应脂肪减少。身体适应了，才能在减肥减重的同时，保持身体健康不受损害。

（2）健身运动可以刺激人的食欲。有个所谓“健身效”的流行说法，就是说，经过体育健身，消耗了能量，可能吃得更多，这就抵消了健身减肥的效果。实际上，在控制锻炼强度和运动量的情况下，体育锻炼不会明显增加人的食欲。

（3）腹部脂肪比较多，如果多做腰部运动，腹部脂肪减少的就会比较明显。实际上不是这样。人体脂肪的减少，是依靠激素和酶的调节和帮助来完成的。激素通过血液循环可以到达全身各个部位。那么，如果在体育锻炼中，只是运动局部，减肥效果就不会明显。当然，运动局部也有一定的效果，可以增加局部的肌肉。所以，那些肚子肥大的人，除了腹部脂肪多，其腹部肌肉也一定比较软弱。如果锻炼腹部肌肉，就会大大改善肚子外凸肥大的状态。

（4）运动强度越大越好。这种认识也是错误的。因为，体育锻炼的强度越大，脂肪功能的比例越低，动用的脂肪量就越小，减肥效果也就越小。所以，中低强度的体育锻炼，更有益于减肥。

（5）运动减肥容易反弹。无论是采用节食还是体育锻炼的减肥方式，关键要做到吃动两平衡。所以，如果在一个时间段，一个肥胖者停下了体育锻炼，或者锻炼次数减少了，那么，他就必须控制饮食，减少摄入量，从而达到吃动两平衡。如果锻炼减少了，不但不节食，反而吃得更多，势必会引起此前的减肥效果的反弹。

第三节　体育锻炼与肌肉、骨骼

一、体育锻炼与骨骼

体育锻炼可以促进机体的生长发育，尤其是打篮球、跑步、跳绳、游泳等运动方式，对人体骨骼生长发育大有裨益，通过改善骨骼维度、构造和强度，达到给人体补钙、长个头以及提升骨骼强度的目的。骨骼、关节和肌肉组成人体的运动系统，体育运动需要运动系统的协调才能完成，通过运动可使运动系统各部分更加坚固、灵活、结实、粗壮而有力。

体育锻炼对人体骨骼的作用，主要体现在以下四个方面。

（一）促进骨质营养的吸收

人体骨骼由无机物和有机物两部分构成。无机物主要包括水和钙盐

（磷酸钙、碳酸钙、氟化钙、氯化钙等），其中钙盐的成分约占骨骼总质量的20%，水约占50%；有机物主要包括骨胶原纤维束和黏多糖蛋白，约占骨骼总质量的28%。无机物和有机物的代谢和积累，都离不开体育锻炼的刺激。体育锻炼能促使钙盐的代谢和累积最大化。

（二）促进骨骼发育

骨骼及骨膜是人体复杂系统的一部分。骨骼表面的骨膜中含有丰富的血管、神经、淋巴结及成骨细胞，是骨骼生成的重要机构。和肌肉一样，骨骼的生成、萎缩也会遵循“用则立，不用则废”的规则。骨骼的可塑性很强，尤其是在青少年时期，体育运动可以使人体骨骼不断受到刺激，从而促使骨内血流增加、骨母细胞的活动增高，骨膜中的成骨细胞及营养功能得以迅速增殖和改善，加快骨骼成骨的分化，使骨骼更快、更高效地生长。经常性进行体育锻炼的青少年的身高会比同龄人增长更快、更高，前者的身高比后者可以高出4～8厘米。

（三）提升骨骼强度

体育运动加上充足的营养供应，可以使骨骼的代谢和生长更加迅速，骨骼中的有机物和无机物会快速增长，骨骼的强度持续提升，变得更加结实、粗壮、坚固。骨骼强度的提升为肌肉提供更加强健的机械平台（肌肉附着于骨骼并以其为架构），让肌肉越发强健有力，强健有力的肌肉反过来又会产生更强的力量刺激，促使骨骼越发坚韧，大大增强抗弯、抗扭、抗断、抗折和抗压等性能。经常性体育锻炼，能增强关节的稳固性和灵活性。

（四）提高骨质密度，防治骨质疏松症

骨质由骨密质和骨松质构成，骨密质位于骨骼表层，坚硬而致密，主要功能是保障骨骼的硬度和刚性；骨松质则位于骨骼深层，是一系列杆状或片状的骨小梁组成的海绵状结构。坚持体育锻炼，能够加快机体的新陈代谢，促进人体骨骼内钙质的吸收，从而能够改善骨骼密度、预防骨质疏松。提高了骨质强度，就能提高骨骼的强度，能够促使骨密质变得更加坚韧、致密，还可以促使骨松质排列得更合理，结构也更稳定。骨松质的合

理构造是骨骼强度、韧性及承载力的重要保障，也是预防老年之后骨质疏松的重要手段。人年老之后，骨质自然会大量流失，但如果骨骼内部结构良好，即便骨质疏松，也很难发生骨折等问题。

经常参加以长高和健脑为目标的体育锻炼，能够加快血液循环，使骨骼肌肉和脑细胞的营养更加充足，骨骼因而变粗，骨质密度也因而增厚，抗压抗折能力得以增强，生长激素分泌得更加旺盛，将人的大脑以及骨骼、肌肉的发育提高到更高水平。

不过，长时间剧烈运动有可能导致骨骼劳损、骨折等并发症。平时在饮食上可以吃鸡蛋、豆制品、虾皮等含钙量比较丰富的食物，通常对骨骼有一定的好处。

二、体育锻炼与肌肉

（一）体育锻炼对肌肉的良性影响

体育锻炼能对骨骼肌产生多种良性影响，比如增大肌肉体积、增加肌纤维对抗外界阻力的能力、提高肌肉耐力、增强爆发力等。

1. 可以增大肌肉体积

体育锻炼能增加骨骼肌血液供应，增大骨骼肌横切面积，提高肌力，防治肌少症。运动时肌肉的收缩和舒展，能促使肌纤维增粗。举重、健美等力量性项目运动员的肌肉块明显大于一般正常人，这说明体育锻炼对肌肉体积的影响非常明显，一般只要进行力量训练，就可以使肌肉体积增大。在现实生活中，有人有针对性地锻炼某块肌肉，那么，那块肌肉的体积就会明显增大。

2. 增加肌纤维对抗外界阻力的能力

体育锻炼中的负重性运动，能使肌肉的毛细血管结构发生良好的变化，会增加肌肉的血液供应量，从而增强蛋白质等物质的吸收和储存能力。肌肉中收缩蛋白的含量增加后，可以增加肌肉的力量和体积，使所有类型的肌纤维都可以对运动产生适应性。

3. 提高肌肉耐力

坚持体育锻炼，能使肌肉的化学成分发生良性变化，肌肉收缩更耐久，人不容易感觉疲劳。持续进行某单一动作的运动，会使肌肉产生适应性变化，改变肌肉的能量供应。体育运动对肌纤维内的线粒体的影响是非常明显的，随着运动强度的增加，线粒体的数量和密度也会随之增加。

4. 增强爆发力

人体的肌肉力量与肌肉的横断面积成正比，通过体育锻炼增大了肌肉体积，相应就增加了肌肉力量，同时提高了爆发力。一般来说，持续数秒至2分钟的高强度运动，就可以增强骨骼肌的爆发力。体育锻炼增加肌肉力量的效果非常显著，坚持数周的力量练习，往往就能明显增加肌肉力量。锻炼可以加强关节周围的肌肉与韧带的力量和伸展性，以及关节的牢固性，提高关节的灵活性和稳定性，从而能够预防关节受损。

（二）锻炼肌肉的两大原则

人们进行肌肉锻炼，应遵循以下两大原则。

1. 先练大肌群

人体的大肌群，主要指腿部、胸部和背部的肌群。在肌肉锻炼计划中，应优先锻炼这些肌群。锻炼腿部等肌肉群时，注意应采用较重的负荷，才能达到健美的效果。

2. 要轮流交替训练肌肉

在肌肉锻炼中，不宜连续练习同一块肌肉，而应该交替练习。在交替锻炼过程中，先前锻炼过的肌群能够得到一定的休息和恢复，因而，当第二次练习时，就能承受相对更大的负荷。肌肉力量与体积的发展与训练强度紧密相关，交替锻炼不同的肌肉群，更有利于肌肉体积和力量的增长，从而更快更好地练出完美体形。

三、体育锻炼有助于增进人体美

长期坚持健身训练，可促进青少年和儿童的生长发育，使体形健美，姿态端正，动作矫健，对身体畸形和不正确姿态有极大的改善和纠正；当人到中年后，能够延缓机体功能的衰退，较长时间保持良好健康的体形。

形体训练是体育运动中健身方式之一，经常性进行塑造形体的身体练习，使形体更加匀称和谐地发展，训练姿态和动作不断靠近优美的标准，使体质得以增强，人体形态越来越健美怡人。长期坚持科学、系统的形体锻炼，除了能增强身体素质、提高健康水平之外，还能对体重进行主动控制，使体重保持在正常和相对稳定的水平，能够修饰和改善身材的不足，使人精力旺盛，生命力充沛，从而提高学习和工作的效率。

形体训练的内容包括体形美、姿态美和动作美等。在实际形体训练中，不宜仅仅偏好某一种训练，必须兼顾多种内容，运用多种方法。坚持形体训练，可以完善体形、体态和仪表，同时，还可以陶冶情操，使人心胸开阔、精神舒畅。如果在训练形体美的同时，提高思想和艺术修养，将体育和美育、外在美和内在美融合发展，则能养成内外俱美、气质高雅的人。

第四节　体育锻炼与心肺健康

体育锻炼可以提升心肌和呼吸肌的收缩能力，扩大心室容量，提高肺活量，改善血管弹性，提高心肺功能，防治高血压和呼吸功能障碍；提高胰岛素的敏感性，调节糖脂代谢，改善身体成分，防治肥胖、糖尿病、高脂血症和非酒精性脂肪肝等代谢类疾病。

一、有氧运动与无氧运动

（一）有氧运动

有氧运动别称有氧代谢运动，意思是人体在氧气充足的环境条件下进行的体育锻炼。在运动过程中，人体吸入的氧气基本等同于机体的需求，趋于生理上的平衡。一种锻炼方式是否属于“有氧运动”，可以通过心率来判断，即凡有氧运动，其运动量的心率在150次/分钟左右，这种环境下，血液可以供给心肌足够的氧气。

有氧运动的特点是强度中等、节奏感强，富于韵律性、不中断和持续时间较长。进行有氧运动，每次时间不少于半个小时，每周进行3～5次，运动强度在中等或中上。有氧运动是一种恒常运动，每次运动5分钟以上还能持续下去，可使氧气能充分燃烧体内的糖分（这个过程就是氧化），还可消耗体内脂肪，促使心肺功能得以增强和改善，防止骨质疏松易碎，将心理和精神状态调节到理性的水平。

有氧运动项目通常包括慢跑、步行、快走、竞走、滑冰、游泳、爬楼梯、骑自行车、跳绳/做韵律操、打太极拳、跳健身舞、打篮球、踢足球等球类运动。体重超标肥胖者，可选择像慢跑、骑自行车等有氧运动，来达到控制体重和减肥的效果。

（二）无氧运动

与有氧运动相对的是无氧运动。所谓无氧运动，并非指在缺氧环境下的运动，而是指在进行一些速度过快和爆发力过猛的锻炼时，人体内的糖分来不及经过氧气分解，肌肉处于缺氧状态下进行剧烈的、高速的运动。无氧运动的特点有瞬间爆发性强、负荷强度高、持续时间较短和消除疲劳时间慢。

人体的能量来源于身体内的糖、蛋白质和脂肪的分解代谢，人们在体育锻炼时，身体的新陈代谢会加速进行，代谢一旦加速，必然消耗更多的能量。如果运动量不大，脂肪的有氧代谢就供应机体能量。有氧运动就是以脂肪的有氧代谢为主要供应能量的运动。而无氧运动属于急速爆发式，或者非常剧烈的运动种类，比如举重、摔跤、百米冲刺之类。在运动瞬间，机体的能量需求大增，而有氧代谢并不能满足这种需求，此时，机体内的糖就进行无氧代谢，目的是迅速产生大量能量。

无氧运动常见的项目包括跳高、跳远、赛跑、投掷、举重、拔河、俯卧撑、潜水以及肌力训练等。

二、体育锻炼有利于心血管系统的健康

经常参加体育锻炼，可促进人体的心血管系统结构发达，有利于心血管系统的健康，降低血液中的总胆固醇、总甘油三酯，可以提高心肺耐力，提高每次搏动输出的血液量，从而使身体机能增强，提高学习和工作效率。

体育锻炼对于心血管系统的改善，主要表现在以下几个方面。

（一）能够降低血压

坚持体育锻炼，可以减少人体末梢血管的阻力，从而降低高血压患者的血压，或者维持正常血压。研究表明，一个高血压前期或者高血压一级的人，进行一次10分钟以上的有氧运动，就可在安静时血压下降至少10毫米汞柱。

（二）能够使心脏容量增大

体育锻炼可以促使血液循环旺盛、心跳加快、心肌舒张充分，容纳流回心脏的血量也增多，心脏便会被拉长，心肌收缩力得以增强；心脏同时还会产生大量的新毛细血管，又有助于增加心肌的血液供应。经常参加体育锻炼的人，其心肌比一般人的心肌粗壮，心脏的重量和容量都会增大，心容量可达1015～1027毫升。北京运动医学研究所曾经调查过我国300名运动员的心脏面积，发现108名运动员心脏面积增大，173名运动员心脏横径增大。

（三）能够改善心血管系统

心血管系统又称血液循环系统。心脏是人体血液循环的发动机，血管是血液循环的管道，而血液是物质运输的载体。经常参加体育锻炼，能够

改进心脏营养性神经和心肌的物质代谢，使心肌的收缩蛋白质特别是肌红蛋白增多，心肌纤维增粗、增大，心壁增厚，进而使心脏搏动徐缓有力，减缓血液循环的速率。血液在全身循环一周，一般不常运动者需20～25秒，而运动员仅需10～15秒，后者循环时间几乎缩短了一半。经常参加锻炼的人，由于心脏搏动徐缓，舒展期延长，心脏便有更多的血液补充，因此，每次搏动输出的血液量比一般人要多。普通成年人在安静时的脉搏通常为70次/分钟左右；经常参加体育锻炼，脉搏会逐渐减缓，在安静时的脉搏跳动可降至60次／分钟左右。

三、体育锻炼有利于改善呼吸功能

呼吸系统是人体进行气体交换的通道，是人体的气体交换站。它包括鼻、咽、喉、气管、支气管、肺等。人在锻炼过程中，肌肉剧烈运动需要消耗大量的氧气和养料，呼吸系统必须进行强有力的配合工作。因此，经常参加体育锻炼，便可以改善呼吸系统的机能。经常参加体育锻炼会提高肺的容量，呼吸次数会比缺乏锻炼者少，而呼吸深度会比后者要大。

（一）体育锻炼常见的呼吸方法

锻炼的效果跟呼吸方法是否得当有关。不同的体育锻炼项目，可使用不同的呼吸方法，以达到最佳的锻炼效果。

体育锻炼常见的呼吸方法有以下几种。

1. 口鼻并用进行呼吸

人在安静时，通过鼻—咽喉—气管等呼吸道呼吸。在进行剧烈运动时，呼吸会加速，为减少呼吸道阻力，人们会以口代鼻或口鼻并用进行呼吸。在寒冷环境中进行体育锻炼，张口不应过大，应经由口腔将吸入空气加温，再通过咽喉—气管进入肺部。

2. 节制呼吸频率，加大呼吸深度

在进行体育锻炼时，可采用节制呼吸频率和加大呼吸深度两种方法，来使呼吸更加顺畅，提高肺泡通气量，提高改善呼吸功能效率。人体呼吸道是约为150毫升的无效腔，锻炼时无效腔容量可因呼吸加强而被动扩展。如果呼吸频率过快，会导致呼吸深度过浅，致使增加迂回无效腔的吸气量，而进入肺泡腔的量反而相对减少。

3. 富有节奏性的呼吸方法

进行周期性体育运动时，采用富有节奏性的呼吸最为适宜。例如，在长跑时，最佳的呼吸方法是2～4个单步一吸、2～4个单步一呼，如此循环往复。

4. 合理运用憋气

在体育锻炼时，进行吸气之后，紧闭声门，尽力做呼气运动，称为憋气。需要注意的是，在憋气之前，不宜用力吸气，当呼气肌强劲收缩压迫胸腔时，将呼吸道中少许气体从声门有节制地挤出去，同时发出一声“嗨”。在比赛决胜的关键时刻，比如杠铃举过头顶时、跑步时的最后冲刺、摔跤过程中突然要摔倒对手的一刹那，常采取憋气的措施。

（二）提高肺活量的锻炼方法

近些年，我国青少年的肺活量普遍呈下降趋势，已经严重影响了青少年的健康。造成肺活量检测数值连年下降的原因有很多，最主要的原因是，缺乏有效的体育锻炼方法，以及受文化课程挤占，青少年学生缺乏充足的体育锻炼时间。

许多体育锻炼方法，能够增加呼吸肌的力量，提高肺的弹性，加大和加深呼吸的深度，提高和改善肺呼吸的效率和机能，从而提高肺活量检测数值。

锻炼肺活量的主要方法有以下几种。

（1）经常性做扩胸、振臂等徒手操练习。

（2）经常练习耐久跑。需要注意的是，在跑动时配合正确的呼吸方法，跑步的距离应适当，强度不宜太大。

（3）练习潜水或游泳。人们在潜水或游泳时，会不停地挥动手臂划水，进行克服水的阻力呼吸，能够有效地提高肺活量。

提高肺活量的体育锻炼方法，还有踢足球、打篮球、折返跑等。无论何种方法，唯有持之以恒经常练习，在提高肺活量方面才能奏效。

第五节　体育锻炼与代谢

一、新陈代谢的概念

新陈代谢是指生物体内所发生的用于维持生命的一系列有序的化学反应的总称。这些反应进程，使生物体能够履行生存所必需的功能，例如生长、繁殖、呼吸、血液循环、对外界环境做出反应以及全身的氧气和营养物质输送。代谢过程中的化学反应可以归纳为代谢途径，即生物体通过酶的作用将一种化学物质转化成另一种化学物质。

新陈代谢是人体的正常生理活动，通过吃进食物—吸收—消化—变成能量的过程，获得足够的营养以支持人体的生长和正常的生理活动，而多余的能量和废物通过胃肠道、泌尿道以及其他器官的运动排泄、代谢出去。

人们从食物中获得的蛋白质、糖类、维生素等营养素是有用的物质，有用物质与进入体内的氧结合，在各种生物酶的帮助下，产生组成细胞的原料和供应能量的能源。人体的所有细胞都在频繁更新和交替，排出体内的毒素。只有合成与分解达到平衡，机体才能处于健康状态。

新陈代谢受很多因素的影响，例如，春夏秋冬不同的季节人体代谢率不一样；男女性别不同代谢率不同；一些外界因素影响新陈代谢，像一些治疗胃炎的药物，抑制胃酸的同时，也会抑制胃肠蠕动；一些治疗中枢神经的药物，在治疗忧郁症的同时，抑制了交感神经兴奋，也可导致新陈代谢下降。

代谢通常被分为分解代谢和合成代谢两类：分解代谢可以对大的分子进行分解以获得能量（如细胞呼吸）；合成代谢则可以利用能量来合成细

胞中的各个组分，如蛋白质和核酸等。代谢可以被认为是生物体不断进行物质和能量交换的过程，一旦物质和能量的交换停止，生物体的结构就会解体。

随着年龄的增长，人体的新陈代谢水平会下降，身体需要更少的能量卡路里来维持，如果缺乏体育锻炼，而且不注意饮食控制，体重就会迅速增加直至日益发胖。

二、体育锻炼对人体新陈代谢的影响

（一）体育锻炼能加速机体的新陈代谢

体育锻炼对人体健康的一种最直接影响，就是促进机体的新陈代谢加速。体育锻炼对人体新陈代谢影响巨大。

体育锻炼可以提高机体内的脂质代谢过程，降低血液中的胆固醇含量，从而能够降压和降脂；体育锻炼可以提高机体的代谢水平，加速脂质的代谢，降低血脂水平，进而降低肥胖症、高血脂、糖尿病的发病风险。

在体育锻炼过程中，机体相应能提升氧供应和能源物质的供应水平，即提高了能源物质的动员和分解供能速率；当体育锻炼结束进入休息时，机体在运动过程中所亏缺的能量将得到进一步补充，因此，能量代谢过程在运动后的一段时间内仍处于较高水平。这意味着，体育锻炼增加了能量需求，使能量代谢过程比平时更加活跃和充分，所以，体育锻炼对能量代谢能力是很好的锻炼。

体育锻炼能有效地消耗能量，促进机体内物质的新陈代谢；增大了能量消耗，就会促进机体进行消化吸收，同时补充体内需要。研究表明，体育锻炼时的能量消耗，通常在锻炼后加以恢复，并且比原来的消耗水平更高。人体经由体育锻炼后，会加快恢复进程，这就需要汲取外界更多的营养物质加以补充，进而会使消化吸收的功能得以增强。人们在锻炼过程中，会加大呼吸强度和深度，从而加大了膈肌的活动范围，也会有益于加强消化功能，辅助治疗便秘、胃下垂、消化不良等毛病。体育锻炼还能促进腹肌力量，有利于维持正常腹部压力促进消化吸收。体育活动还可以使人心情愉快，精神饱满。

而长期缺乏体育锻炼，加上饮食结构不合理，就会导致人患上各种慢性代谢性疾病，所以，适度进行体育锻炼，是慢性代谢综合征康复与治疗的最根本途径。

（二）有效促进代谢的锻炼方法

1. 经常进行阻力训练

经常重复进行体育运动中的阻力训练，尤其是针对主要骨骼肌组的锻炼，能够调动多关节运动和多组肌肉参与。研究发现，仅仅进行两个小时锻炼后，代谢率就提高了11%～12%。

2. 进行高强度的体育锻炼

不同的运动方式对新陈代谢率有不同的影响。进行高强度的体育锻炼，机体为了补偿在运动中消耗的物质，就会消耗更多的氧气。快速而有短暂间隙休息的速度性训练，比没有间隙休息的耐力性训练，更有利于提高肝脏的糖、蛋白质和脂肪的代谢功能。

3. 进行有氧运动和锻炼肌肉

体育运动中的有氧运动和锻炼肌肉，无疑是提高新陈代谢最有效的两种方法。无论年龄和性别，有氧代谢运动都对促进身体健康、增强体质、预防慢性疾病具有重要作用。只有坚持每周3次、每次30分钟的体育锻炼，而且锻炼后每分钟心跳达130次以上，才能真正有益于身体健康。

每次30分钟的运动量，不仅可以消耗体内热量，帮助减轻体重，更大的好处是，在锻炼之后，能将氧气输送到全身各部位，从而大大提升了新陈代谢率，并有效燃烧脂肪，有效效果甚至能维持数个小时。有氧代谢运动的常见项目有步行、跑步、骑车、游泳、跳健身舞、扭秧歌、滑雪等，这些项目虽只有中低强度，但能持续较长时间，非常有助于人体的新陈代谢。提高新陈代谢，不仅能燃烧体内的脂肪，还能够提升身体的素质。

三、基础代谢率与肌肉功能

基础代谢率是一个评价人体能量代谢水平的指标，意思是人在清醒、安静、静止的状态下单位时间内所消耗的能量。基础代谢率也常用于评价一个人的身体功能状况。身体功能状况良好的，其基础代谢率往往较高。年轻人的基础代谢率比老年人要高。

长期坚持运动锻炼者，其心肺功能得到根本改善，肌肉较不运动的人更发达，这使他们的基础代谢率较一般人高。从事同样的活动时，经常参加运动的人比不运动的人消耗更多的能量。

人体肌肉量跟基础代谢率成正比，肌肉量越多，其基础代谢率就越高。进行同样的体育锻炼，那些肌肉发达量多的人比肌肉不发达量少的人所消耗的能量要多。

体育锻炼对骨质和肌肉的影响非常大，可以增加骨密度，增强关节的稳固性，可以使肌纤维变粗。人的体型越大，新陈代谢速度就越快，因为身体需要消耗更多的能量来维系更大范围的基本功能。

肌肉主要有三个功能，即运动功能、维持功能和代谢功能。运动功能，是肌肉收缩使机体产生运动动作或身体移动；维持功能，是指肌肉维持人的身体姿势的功能，比如，当人站立、静坐或者睡眠时，其体内肌肉特别是某些部位的特殊肌肉仍保持一定程度的收缩，以维持身体的姿势；代谢功能，是肌肉能量代谢和调节机体整体代谢水平的功能。

通过体育锻炼和改善饮食习惯，可以直接提高肌肉质量，肌肉质量在很大程度上影响新陈代谢，因而可以提高新陈代谢。人体肌肉的代谢功能也与基础代谢率息息相关。只有长期坚持科学的体育锻炼，才能有效地改善肌肉的代谢功能，才能真正有助于慢性代谢性疾病的康复和治疗。

肌肉功能对人们的健康作用至关重要。在现实生活中，人们往往只关注肌肉的运动功能，而忽视了肌肉的维持功能和代谢功能。现代运动生理学研究表明，现代人常见的慢性腰痛、腰椎间盘突出、颈椎病，以及某些心血管病、高脂血症等，都与肌肉的维持功能和代谢功能有关。

第六节　体育锻炼与心理健康

随着社会的发展，生活节奏日益加快，学习和工作方面的竞争日益激烈，生活压力越来越大，现代人的情绪经常处于紧张状态，心理情绪方面特别容易烦恼、焦虑、忧愁和悲观。这些都是不良的心理障碍，势必会影响人建立正常的情感和良好的人际关系，容易导致心理不健康。

心理健康问题日益成为现代人关注的重要内容之一。

研究发现，体育锻炼可以有效地调整和改善人的心理状态，中等到较大强度的运动能促进体内内啡肽、多巴胺和5-羟色胺的分泌，缓解消除心理焦虑和精神压力，提高人的愉悦感、幸福感，防治抑郁症。经常性进行体育锻炼，能够磨炼意志、协调人际关系，使人积极乐观，化解性格和心理的不健康因素，有助于消除心理疾病，使身心变得更加健康。

一、体育健身的心理学基础

（一）体育锻炼与人的心理健康

人的心理过程（感觉、知觉、记忆、思维、判断等）和个性心理特征，跟健身锻炼行为关系密切，人们是否自觉、积极和主动进行体育锻炼，都受其影响，而健身锻炼的效果，又不断提高、改善和调节着人们的心理水平，诸如人的智力、意志品质和精神情绪。健身锻炼的心理学基础是一个相当复杂而重要的问题，现就其中某些方面进行初步阐述。

心理健康是人的一种完好心理状态，与认知功能、情绪、自尊等密切相关。体育科学与发展心理学、神经科学、遗传学、分子生物学、社会学、行为学日益交叉融合，衍生出新兴的运动认知神经科学，在揭示了运动对人类心智起源，发展变化规律，神经生理、社会心理改善的机制，对有效促进人的心智的发展提供了崭新视角的基础上，证明了运动在改善大脑结构、促进功能发育、通过丰富环境发挥遗传潜质促进个体心理行为发展等方面的积极作用。

（二）心理健康的标准

所谓心理健康是指人的心理丰盈充实、和谐安宁，并与周围环境保持协调的状态。心理健康是智力发展和脑功能健全的标志，是确立正确的人生观和培养优良心理品质的基础。那么，怎样才算是心理健康？通常认为，一个人人格完整、智力发育正常、良好的心理承受能力与和谐的人际关系，就可判定其心理达到健康的标准。

（1）人格完整。个体比较稳定的心理特征的总和即是人格，有健全的人格就是人格完整。其基本特征是具有清醒的自我意识，能正确认识自己和控制自己，积极进取，对生活充满信心和希望，有强烈的责任感。

（2）智力发育正常。观察力、分析力、判断力、注意力、想象力、思维力、记忆力和实践活动能力，就是人的智力。一个智力正常的人，求知欲望强烈，乐于学习并积极探索。

（3）良好的心理承受能力。一个人的心理承受能力良好，其意志坚韧顽强，善于调节和控制情绪，快乐有度、悲伤有节，胜不骄、败不馁，无论遇到什么问题，心态都能保持稳定。

（4）和谐的人际关系。人际关系良好的人，通常乐于和善于与人交往，人格完整，不卑不亢，能正确地对待他人和社会，在现实生活中能够取长补短、乐于助人，对人始终宽容忍让。

二、体育锻炼对心理健康的积极影响

国际运动心理学会在1992年发表了《身体锻炼与心理效应》，第一次证明了体育锻炼能够积极影响心理健康。

这种积极影响体现在很多方面，例如，有助于发展人的智力、调节改善不良情绪和建立和谐的人际关系等。具体表现在以下几个方面。

（一）可以调整心情改善情绪

情绪是人对客观事物的一种态度。现代社会日益错综复杂，人们在工作、学习和人际相处中，容易产生紧张、忧愁、压抑、悲欢等不良情绪反应。美国心理学家德里斯考发现，跑步运动能成功地减轻青年学生在考试期间的忧虑情绪。现代心理学证实，适度负荷的体育锻炼可以促进体内5-羟色胺和多巴胺的合成，促进大脑释放一种多肽物质——内啡肽及类阿片等，调整交感与副交感神经系统活动，使锻炼者获得愉快、兴奋的情绪体验，从而产生更加积极正向的情绪情感，有效改善焦虑、抑郁等不良情绪，摆脱各种烦恼和痛苦，缓解压力，振奋精神，消除紧张、愤怒和慌乱等负面情绪，使情绪趋于稳定舒缓。

情绪状态的调控能力是衡量体育锻炼对心理健康影响的最主要的指标，体育锻炼有助于培养良好的情绪体验。经常进行体育锻炼，尤其是参加那些自己喜爱的和擅长的体育锻炼项目，很容易体验到运动带来的愉快感，从中得到乐趣，精神倍增，整个人朝气蓬勃，充满活力。情绪紧张烦躁的人，只要散步15分钟后，紧张情绪就会放松下来。

体育锻炼能使有心理障碍的个体获得心理满足，产生积极的成就感，摆脱消沉的意气和沮丧的情绪，从而增强自信心，摆脱焦虑、忧愁和悲观等消极心理障碍。由于在锻炼中感觉到非常快乐、愉悦，有些人甚至运动成瘾。

（二）有助于大脑的发育和智力发展

体育锻炼可以提高大脑的新陈代谢（如脑血流、氧消耗和葡萄糖的使用），促进脑源性神经营养因子的合成，促进大脑的发育和改善神经系统的工作能力，增加脑神经突触数量和灰质体积，改善人体中枢神经系统，增强大脑皮层的分析和综合能力，提高反应、思维、注意力、记忆力和想象力等能力，以及大脑思维的灵活性、协调性和反应速度，从而促进提高智力。

体育锻炼还会带来其他效用，比如，经常性进行锻炼的人，精力更旺盛，情绪会更稳定，性格会更开朗。疲劳是人的一种综合性症状，与生理和心理因素有关。在学习过程中，青少年学生大脑皮层的相关区域会高度活跃，久而久之，就会产生疲劳感，影响学习的效果。长期坚持体育锻炼，会使与学习有关的神经中枢得到休息，从而促使学习效率得到提高。

（三）有助于培养坚强的意志品质

意志品质是指一个人的果断性、坚韧性、自制力、主动性以及独立性等品性。这些品性会在克服困难的过程中表现出来，也能通过克服困难培养出来。人们在体育锻炼和运动竞赛中，难免会遇到气候变化、生理惰性、动作难度等客观困难，以及疲劳伤痛、紧张畏惧等主观困难，锻炼者通过克服战胜种种困难，培养果断勇敢、坚韧顽强的意志品质，增强自信心，勇敢地面对各种挫折和磨炼，在社会生活中能够积极进取，始终保持乐观豁达。

（四）有助于形成和谐的人际关系

现代社会的工作越来越重视团队精神及协同合作，同时，随着社会的网络化、信息化水平越来越高，生活节奏日益加快，人们越来越缺乏直接的社会交往的机会，人与人之间缺乏感情交流，交际圈越来越趋向于封闭。在体育锻炼和运动竞赛中，特别是一些集体性运动，人与人之间增加了大量的接触机会，封闭圈被打破，不同肤色、国家、信仰、职业、年龄、文化素质的人聚集在运动场上，彼此可以平等、友好、和谐地相处，通过规则服从与执行、成员之间的紧密协作和配合，促进了个体与个体、个体与群体的沟通和交流，使人们相互之间产生信任感，彼此可以有效进行情感和信息的交流，个体的孤独感得以消除，建立起良好的合作意识和团队精神，促进人格的发展与完善。

（五）可以陶冶情操获得身心享受

随着科学技术的不断发展，现代社会的人余暇时间越来越多，如何让余暇生活过得丰富多彩、健康文明，成了一个全球性的社会问题。体育锻炼和现代体育运动，就可以使人们在日常紧张地学习和工作后松弛身心，并能够愉悦身心，陶冶情操。

现代竞技运动日益向难、新、尖、高的方向发展，那些富有天赋且训练严苛刻苦的运动员能够将身体的潜能发挥到尽善尽美的程度，使健、力、美高度统一，有些项目配上和谐的韵律、鲜明的节奏、应景的音乐，以及同伴之间微妙的配合，表现出抒情诗般的、戏剧性的艺术造型，使观众产生如同欣赏优美的舞蹈、雕塑、绘画一样的艺术美感。运动场上常有一种共情作用，在观众和运动员之间扩散开来，运动员进入忘我的境界，同时，观众也忘却了现实生活中的一切烦恼和不愉快，他们在工作和劳动中的紧张、疲劳和紊乱的情绪得到释放，身心舒坦，精神面貌由此焕然一新。

（六）其他影响

此外，体育锻炼可以促进儿童和青少年的认知功能，提高学习记忆效率，有效减缓老年人的认知衰退的进程，改善老年人在日常行动中的速度、空间、控制有关的认知功能和执行功能；一定强度的运动量能够提高心理应激水平，使人的心理承受能力处于较高的状态，在受到外界的强烈刺激时，保持心理的平衡性和稳定性。

三、影响体育锻炼产生良好心理效应的因素

1977年，曾有心理学家提出过生物—心理—社会的三维健康观，强调在健康诊断中应包括社会环境而引起的心理因素，进行精神健康的判断，应以良好的心理调节活动和精神卫生作为基础。

的确，经常性进行锻炼，会促进人的心理健康。但是，体育锻炼要达到产生良好心理效应的目的，需要注意以下几个因素。

（1）喜爱体育锻炼并从中获得乐趣。爱好和兴趣是体育锻炼产生良好心理效应的基础，如果对体育锻炼提不起兴趣，只是敷衍了事，或者三天打鱼两天晒网，不能认真地、长久地坚持，就很难从锻炼中获得乐趣，也就不可能产生满足感和愉悦感，达不到消除紧张、焦虑等负面情绪的目的。

（2）体育锻炼代谢方式。研究表明，体育锻炼应以有氧运动为主，选择有重复性与有节律的身体活动（如慢跑、游泳、骑自行车、跳绳、做健美操等），才可以取得很好的效果。

（3）运动项目。在体育锻炼中，选择不同的运动项目或不同的运动形式，所获得的心理效应是不同的。一般人应避免拳击、格斗等竞争激烈的项目，可多选择适宜单个人从事的项目。唯有如此，才便于锻炼者个人控制运动时间、空间和动作节奏，可更随意、更自由地进行，从而更容易获得良好的心理和情绪体验。

（4）运动强度及时间。研究表明，对心理健康最有益的锻炼，以中等运动强度为最佳选择，在锻炼时，心率控制在最高心率（最高心率=220–年龄）的60%～80%。运动强度过强，容易产生紧张感和疲劳感，致使普通人难以坚持下去。一次锻炼的持续时间至少应有20分钟，若少于20分钟，当你停下来时，预期中的良好心理效应很可能还没有出现；不过，一次锻炼的时间也不宜过长，否则，又可能造成厌倦、疲劳，结果事与愿违。

（5）体育锻炼应持之以恒。有研究报告显示，身体运动的系统性越强，体育锻炼所产生的良好效应就越明显。这表明只有长期坚持体育锻炼，养成习惯，才可能真正有益于身心健康。

第三章　体育与卫生健康

第一节　科学锻炼

一、科学锻炼的原则

体育运动要讲究科学，遵循体育运动的基本规律，才能达到强身健体、防病治病的目的。科学锻炼，应坚持以下几条原则。

（一）循序渐进原则

体育锻炼不能盲目急躁，而应循序渐进，在学习运动技能和安排运动量时，应由小到大、由易到难、由简到繁。这就是科学锻炼的循序渐进原则。如果不遵从这条原则，在一开始进行体育锻炼时，就进行很大的活动量，但机体一时无法适应大活动量，就会导致疲劳反应过大，锻炼者往往忍受不住，坚持了几天后，就会因失去锻炼热情而放弃。

俗话说，“胖子不是一口吃起来的”，再要减下去也不能是一朝一夕的事情。如果希望通过锻炼来减重减肥，就应该循序渐进地逐渐增加体力活动量。每天增加一定的体力活动量，循序渐进地去完成目标，同时还能把运动损伤的风险降到最低。

锻炼者应该明白，任何锻炼要想获得效果，不可能一蹴而就，而是会呈螺旋上升态势。应适当延长锻炼的适应过程，逐渐增加运动强度和每次运动的时间，采用低撞击性、低负重或者少负重的运动方式，比如游泳、水中运动、骑车、步行等都非常适宜，减少跳绳、蛙跳等跳跃的运动方式。应遵循由小到大的原则安排运动负荷，锻炼者在提高—适应—再提高—再适应的过程中，终将取得理想的锻炼效果。

（二）能量负平衡原则

能量负平衡原则主要适用于通过运动减重减肥者。这类锻炼者应在锻炼期间，创造尽可能多的活动机会，控制消耗的热能总体上大于摄入的热能。这就是热能负平衡。热能负平衡可以通过控制饮食和增加体力活动或者增加运动量来实现。需要注意的是，如果通过增加运动量造成了热能负平衡，但又无法控制饮食，借助运动造成的饥饿感吃得比原先更多，那热能负平衡就会毁于一旦。

（三）主动性原则

体育锻炼的过程难免有些枯燥，会使人疲劳，甚至浑身疼痛，许多人在最初的热情过去之后，难以坚持下去。所以，锻炼者要真正达到预定的健身治病目标，务必发挥主动性和自觉性，充分认识体育锻炼的价值，克服自身惰性，自觉积极地参加体育锻炼活动。体育锻炼实际上是一个极好的磨炼意志的良机，锻炼者只有将被动转化为主动，才能超越肉体的不适乃至痛苦，身心愉快地投入体育锻炼中。

（四）长期性原则

体育锻炼的预期目标不可能一蹴而就，而是一个厚积薄发的过程，锻炼者应长期不间断地、持之以恒地坚持下去，才会获得明显的锻炼效果。即使某些锻炼项目可能短时间内对身体机能产生一定的影响，但是一旦中断，此前的锻炼效果很快会消失。

（五）整体协调发展原则

任何形式和类型的体育锻炼，终极目标都是追求身心全面和谐发展，使身体形态、机能和身心素质等方面得到协调发展，而非片面锻炼身体的某些部位和器官系统。因此，体育锻炼应遵循身心整体协调发展原则，促进身体的全面性健康。如果不兼顾整体，势必造成某些局部的素质和技能相对薄弱化，进而影响体能的增强和身心素质的提高，导致造成各种伤病。在现实生活中，有一些专项运动员习惯仅仅注重训练和本项目相关的身体部分，比如臂力臂肌、胸肌，忽略了其他部位，常常导致身体其他部位的薄弱。

（六）安全性原则

“安全第一”，安全无小事，从事体育锻炼也必须注意人身安全，尽可能避免在锻炼过程中造成运动损伤和伤害事故。所以，在体育锻炼时，务必将安全放在重要位置，设定计划和目标要从个人实际情况出发，合理计划安排，全程符合运动规律和人体发展规律。

注意加强柔韧性准备活动和整理活动的练习，注意预防单一运动形式造成的过劳伤，重视运动损伤的病史，避免重复损伤。超重和肥胖人群身体脂肪较多，热调节机能下降，应避免在炎热高湿环境中进行健身运动。到了夏季，应该选择一天中比较凉爽的时间进行健身运动，运动中应该穿着舒适透气、宽松的服装防止运动性中暑。对于那些有肥胖并发症（比如糖尿病或高血压）的超重肥胖人群而言，从事锻炼时更应该注意安全。

二、科学锻炼的方法

（一）增强身体素质的方法

1. 提高肌肉耐力的方法

提高全身耐力的锻炼进行一段时间后，会提高腿部的肌肉耐力。此外，锻炼者可以按照下面方法提高肌肉耐力，即反复进行数组动力性练习，每次用最大肌力的1/3或1/4的负荷强度，主动促使机体某部分肌肉长时间克服小阻力达到疲劳的状态，肌肉的耐力会有效地提高。比如，做仰卧起坐和俯卧撑（或斜体俯卧撑），每次做到疲劳的程度，每天做3～5组，可以有效提高腹肌和上臂肌的耐力。

2. 提高全身耐力的方法

（1）间隙练习法。持续进行较高强度运动（心率为150～170次/分钟）

约1分钟后，再进行低强度运动2～3分钟，按以上方式重复六七次。这样的锻炼效果比较明显。注意：这种练习法仅适用于耐力比较强的运动者。

（2）持续练习法。可以两种方式练习：交换负荷运动，在短时间使负荷强度加大，比如连续跑10分钟后突然加速跑5分钟，这样的方式可以刺激锻炼者的血液循环能力和呼吸能力；连续负荷运动，即在较长时间内保持速度不变，比如以中等强度持续跑15～20分钟。

3. 提高肌肉力量的方法

人们的体力主要指肌肉力量。可以通过静力性练习和动力性练习两种方式，来增强肌肉的力量。

（1）练习增强静力性肌肉力量。肢体不产生明显的位移，使肌肉产生张力但不发生长度变化。可以按照以下方式练习：

锻炼者呈站立或仰卧的姿势，以肌肉最大收缩力蹬住或推动某个固定重物，持续几秒钟。这种方法可以提高腿部或上肢的静力性肌力；在胸前相交两只手，尽最大力气互相拉或互相推，这种方法也能够使上臂的静力性肌力得到锻炼。

在上面的练习中，也可以单纯依靠肌肉的紧张收缩来达到同样的效果。比如，到健身房中，练习杠铃、哑铃或多功能健身器，慢速大负荷运动。

（2）练习增强动力性肌肉力量。明显位移肢体或身体的某部位，或用较快的速度推动一定的重物，来练习增强动力性肌肉。可以按照以下方式练习：

尽力克服阻力，比如快速推举接近自己能举起的最大的重物，次数根据自己的承受力而定，来练习增强绝对力量。

锻炼在最短时间内以最快速度爆发最大力量，比如跳高、快速跑和足球的踢球射门、羽毛球的大力扣球、拳击的冲拳等运动，这样快速克服小阻力的锻炼，可以有效增强爆发力。

4. 提高柔韧性的方法

所谓柔韧性，是指人体各个关节的活动幅度和肌肉、韧带的伸展能

力。经常结合静力性和动力性练习、被动和主动练习，就可以很好地提高柔韧性。比如，通过踢、摆、压、绕环等练习，可以发展腿部、肩部的柔韧性；通过俯卧背伸、站立体前屈、甩腰、转体、涮腰（绕环）等练习，可以发展腰部柔韧性。

5. 提高灵敏性的方法

提高灵敏素质最有效的运动，有羽毛球、乒乓球、网球、篮球、足球、手球等球类运动。此外，像滑冰、滑雪、体操、剑道、击剑等运动，也可以达到同样的效果。

6. 提高平衡性的方法

经常性练习滑雪、滑冰、舞蹈、器械体操等运动项目，可以有效地提高人体的平衡性。此外，练习闭目单足站立，也是提高平衡性经常采用的方法。

（二）适应自然环境能力的锻炼方法

人类在自然环境中生存，需要提高人体对各种不良气象因素的适应能力和抵抗力。通过锻炼适应自然环境的能力，同时可以强身健体。这类锻炼方法包括冷水浴、空气浴、日光浴等。

（三）超重或肥胖者的锻炼方法

超重或肥胖症适宜采用不同运动方式轮流使用的交叉锻炼方式，不仅可以促进身体机能更加全面地改善、提升运动能力和技巧，还可以预防发生意外损伤。在锻炼取得初步效果后，当力量、运动技巧、心血管功能以及自信心提高之后，则应增强运动强度或时间，并改变运动方式，进一步提高体育锻炼的能量消耗。

美国运动医学协会（ACSM）曾经给超重或肥胖者提出过三条锻炼忠告：

（1）到不会引起对肥胖者社会歧视的场所进行锻炼；

（2）监控肌肉疼痛的程度和其他运动损伤问题；

（3）避免关节承受过大的压力。

三、体育锻炼中的科学监控

在体育锻炼中，锻炼者的身体反应情况应得到及时监测和调节。

（一）检测靶心率和心率

锻炼者应了解靶心率的概念，学会计算自己的目标心率。所谓靶心率，是指在有氧运动提高人体心血管系统机能时的有效、安全的运动心率范围。在体育运动中，调节运动负荷强度常常通过靶心率来实现。

靶心率=（最大心率–静态心率）×（60%~80%）+静态心率。

最大心率是指人体做极限运动时的心搏频率，其计算公式是：

最大心率=220–年龄。

锻炼者应时常测量自己的脉搏，可用手指搭在手腕桡动脉处测量动脉搏动次数，也可用手掌抚在左胸部测定心跳次数。

（二）检测自我感觉与基础指标

锻炼者在运动中，如果发现自己出现憋气、呼吸困难、大量出汗、极度口渴或局部疼痛难忍等情况，务必暂停锻炼，进行休息，同时密切观察身心反应，视身体不适缓解程度，再决定是否继续或终止锻炼。

同时，在每次锻炼后，如果当天睡眠良好、次日晨起疲劳完全消除，感觉轻松愉快，体力充沛，测定基础心率每分钟波动不超过3~4次，呼吸频率每分钟不超过2~3次，血压波动范围在10毫米汞柱以内，体重减少在0.5公斤以内，这说明运动量是适宜的，可以继续锻炼。

如果接连几天，发现脉搏、血压明显持续上升，或肺活量、体重等明显持续下降，则说明运动量已经偏大了，应及时减少运动量。

（三）避免太阳紫外线的伤害

如果是在户外进行体育锻炼，长期在阳光下暴晒，应注意紫外线的危害。紫外线可使皮肤毛细血管扩张充血，局部组织温度过高，破坏表皮细胞，导致皮肤水肿、发红，出现红斑；如果遭到过量紫外线的照射，还可以引起头痛、头晕、光照性皮炎、体温升高、眼炎、白内障、精神异常等症状，红外线可使脑组织的温度上升，从而引起全身机能失调；强烈的紫外线照射甚至可能发生烧伤、诱发皮肤癌。

因此，要尽量避免在强烈的阳光下进行体育锻炼。

（四）在热环境中须预防中暑

人们在进行体育锻炼时，人体内产生大量热量，尤其是剧烈运动，热量增加幅度更大，这些热量会使体温升高，超过正常值37℃，机体正常的生理活动会遭到破坏，引起一系列的机能失调，甚至休克。热环境会加剧体内热量累积，体内大量热量无法向外散发，就会有患热辐射疾病的危险，危害健康甚至生命。因此，体育锻炼应尽量避免在热环境中进行；如果无法避免，则务必采取必要的防暑措施。

（五）检测空气湿度

在体育锻炼时，如果气温适宜，那么空气湿度不会对人体造成什么影响；但如果遇上高温或者低温，湿度越大则对人体的危害越大。因为，湿度越大，越不利于人体排汗，因而不利于散热排毒，将破坏体内生热和散热的平衡，从而影响机体的正常功能。空气湿度比较适宜的数值为40%～60%。如果气温过高或过低，空气湿度越低越有利于体育锻炼，因此，在体育锻炼前，应检测空气的湿度和气温。

（六）冷环境中的监测

在冷环境下进行体育锻炼，由于冷环境会使肌肉的黏滞性增大，伸展性和弹性降低，机体工作能力下降，更容易引起运动损伤。第一，在冷环境下锻炼，应做好热身准备活动，保证体温升高到适合锻炼的温度；第二，在锻炼时应避免张大嘴巴呼吸，避免冷空气直接刺激喉咙而引起呼吸道感染、喉痛和咳嗽等，宜微微张口配合鼻子呼吸；第三，注意对耳、手和足部的保温，防止发生冻伤；第四，不能为了御寒，而穿厚衣服进行锻炼，否则，捂出大量汗液，遇上冷空气，容易受风寒感冒；第五，应注意结束锻炼后，及时穿好衣服给身体保温。

（七）避免在空气污染的环境中进行锻炼

氧气会助力体育锻炼达成预期目标，如果周遭环境污染严重，大气中含有过多的二氧化碳，会严重影响体育锻炼的效果。环境中的二氧化碳可导致胸腔发闷、咳嗽、头痛、眩晕及视力下降等，严重的还可导致支气管哮喘。因此，应避免到汽车流量大的马路边快走或跑步；否则，汽车排放的尾气中所含的大量的二氧化碳，会对锻炼者的健康造成严重的危害。此外，空气中的可吸入颗粒物和雾中含有许多危害健康的物质，所以当遇上可吸入颗粒物较多或大雾、沙尘暴的天气，也应将户外锻炼移到室内。

第二节　运动处方

一、运动处方的概念

（一）运动处方的定义

科学的体育锻炼，其锻炼目的、方法、强度、时间等都因人而异，必须像医生给病人开处方一样，不同的人也应开出不同“运动处方”，以有助于更好地提高健康水平，预防或治疗疾病。

运动处方的概念最早出现在1954年，由美国生理学家卡波维奇提出。同一时期，德国霍尔曼研究所便开始对运动处方的理论和实践进行研究，制定出针对健康人、肥胖者、中老年人、运动员等不同人士的运动处方，受到社会的普遍欢迎。1969年，世界卫生组织正式承认“运动处方”的提法，并开始在官方文件中使用这一术语。

国际上普遍认可的运动处方的定义是：康复医师或体育科学工作者根据医学检查资料（包括运动试验和体力测验），按照从事体育锻炼者或病人的性别、年龄、健康状况、心肺运动器官的功能水平以及锻炼经历等身体状况，开出适宜个人的运动强度、运动种类、运动频率、运动时间和运动量，并提出运动中注意事项的综合性计划、方法和建议（处方）。

运动处方可以分为用于某些疾病和创伤的治疗性运动处方，以及用于预防某些疾病的发生、防止过早衰老的预防性运动处方。

（二）运动处方的目的

1. 增进身体健康

预防各种疾病，改善身体状态，提高对环境的适应能力，尤其适用于改善长期在办公室、电脑前工作人群的颈椎病、腰椎病等“文明病”病症。

2. 加强运动能力

用以有目的、有计划、科学地指导运动参与者进行科学锻炼，有助于有效提高肌肉力量、耐力、爆发力，身体的灵敏性、技巧性、平衡性和柔韧性等素质，加强运动能力，提高运动效果。

3. 治疗疾病

严格地遵循运动处方，可以将运动当作许多疾病的辅助疗法，有助于提高疾病的治疗效果。

（三）设置运动处方的原则

1. 因人而异

每一个锻炼者的身体健康状态和病症并不一样，因此，设置运动处方切忌千篇一律，必须因人而异。同一个人在不同的功能状态下，运动处方应有所不同；不同的疾病，运动处方不同；就是同一疾病但处于不同的病期，运动处方也应不同。

2. 确保安全

设置运动处方之前，应根据锻炼者个人的情况，并严格遵循各项规定和要求，考虑好安全问题，提出相应的注意事项，保证锻炼者不至于发生危险。医师应根据情况，及时调整运动处方，从而使运动治疗效果更好和更安全。

（1）提出禁忌的运动项目和易发生危险的动作

比如，应明确指出心脏病人禁忌做大强度、高刺激的运动；学生不应在缺乏保护措施的器械上做腾空、翻转等运动。

（2）提出运动中自我观察指标以及出现异常时停止运动的标准。比如，心脏病人在运动中出现全身无力、头晕、气短，运动中或运动后出现关节疼痛或背痛等就应停止运动；医生给高脂血症患者制定特殊的运动处方，如果患者在运动过程中出现任何不适，应立即停止运动。

3. 兼顾身心全面健康

设置的运动处方，应兼顾到锻炼者身心两方面的健康，锻炼者按照处方锻炼，能达到身心全面健康的目标。

二、运动处方的运动种类

现代新兴的运动处方的运动种类包括耐力性运动、力量性运动以及伸展运动和健身操三种。

（一）耐力性运动

在所有的运动处方中，最常见和最主要的运动种类是耐力性（有氧）运动。属于耐力性运动的项目，包括慢跑、步行、游泳、走跑、跳绳、爬楼梯、跑台、滑水、滑雪、骑自行车、骑功率自行车、球类运动、步行车、划船等。

在健美、健身运动处方中，耐力性运动能够有效保持机体健康和理想体重；在预防性运动处方和治疗性运动处方中，耐力性（有氧）运动主要用于预防呼吸和内分泌等系统、心血管的慢性疾病以及疾病的康复，来改善和提高呼吸和内分泌等系统、心血管的功能。

（二）力量性运动

运动系统、神经系统等肌肉、神经麻痹或关节功能障碍的患者适宜的是力量性运动，这种运动种类主要目的是为恢复肌肉力量和肢体活动功能。矫正畸形和预防肌力平衡被破坏所致的慢性病患者运用力量性运动康复身体，可以增强肌肉力量，改善肢体和躯干的形态和功能。

此外，力量性运动包括助力运动、电刺激疗法、免负荷运动（比如在水中运动等）、抗阻运动、主动运动、被动运动等。骨质疏松和关节运动障碍的人比较适用力量性运动。

（三）伸展运动和健身操

伸展运动和健身操也是各类运动处方中常见的，包括保健气功、太极拳、五禽戏、矫正体操、医疗体操、广播体操等，用以消除疲劳、放松精神，改善体形和机体的柔韧性，防治神经衰弱以及高血压等疾病。

三、运动处方的种类

常见的运动处方大致可分为以下两种。

（一）治疗性运动处方

这是为患有某些疾病者或受伤者进行定量化、个性化治疗和康复而开设的运动处方。比如，对一个中等肥胖、体重超标10公斤的人开出如下治疗性运动处方：每天花1小时练习爬山，经过差不多4个月后，体重可以降到符合标准。

（二）预防性运动处方

这种运动处方主要用于人们预防各种疾病。比如，一般人过中年，身体机能就面临着全面衰退的问题，像动脉硬化、心肺功能减弱等。对于有预防动脉硬化需求的人开出的预防性运动处方，要求其坚持练习中等强度的耐力跑，促使体内脂肪和胆固醇等物质不易沉积。

四、运动处方的构成

运动医学在制定运动处方之前，一般首先会要求运动者进行心肺功能或运动器官功能等体格检查，其中，心电图的检查是非常有必要的，以便掌握身体健康状况，避免在运动中突发健康意外。随后，根据检查结果，参照性别、年龄及运动经历等因素，制定出运动处方。

运动处方一般包括以下几个方面。

（一）设置锻炼目标

体育锻炼的目标无非有消遣娱乐、强身保健、健美减肥、防治疾病、提高运动成绩等。应根据锻炼者的性别、年龄、职业、爱好以及身体健康状态设置锻炼目标，分为短期目标和长期目标。目标设置后，并非固定不变，可以随个体的需要或环境变化进行调整。需要注意的是，在短期目标中，要落实到每周安排专门的几天用来锻炼，使锻炼具有持续性和规律性，那么，锻炼者的机能水平才能维持和提高。

设置的目标，无论是短期的还是长期的，对于锻炼者个人而言，都应该是可以实现的，而不是遥不可及的目标。尤其是短期目标，如果到时候实现不了，会挫伤人的积极性；短期目标如果顺利实现了，则能激励自己继续锻炼，向长远目标奋进。当然，长期目标对锻炼者也应是可达到的；否则，实现不了的长期目标等于没有设置一样。

锻炼者设置的短期目标和长期目标既不能太难以达到，也不能太过容易，太容易和太简单的目标，很难起到锻炼的效果。目标的难易度应适中，需要锻炼者克服一定的困难才能达到。同时，锻炼者要敢于挑战困难，经过一番努力终于实现预先定下的目标，这样的锻炼才有价值和意义。

（二）包含准备活动

在正式锻炼前，进行一番准备活动是非常必要的，比如小运动量的健美体操、低强度的跑步或伸展性练习等，因为准备活动可以提高肌肉的温度，增加工作肌的血流量，可以降低大运动量锻炼对心脏的压力以及减小肌肉和肌腱受伤的可能性。所以，运动处方中应包含准备活动。

（三）选择锻炼模式

锻炼模式一般包括锻炼方式、锻炼频率、锻炼强度和锻炼持续时间。

1. 锻炼方式

锻炼者应以有氧运动项目为主，选择适合自己的专门性运动项目。

如果为消除身体疲劳、改善心情，防治高血压病和神经衰弱，可选择散步、旅行、练习气功、保健按摩、做放松操或者打太极拳等运动负荷较小的放松练习。

如果为改善血管及代谢功能，预防肥胖、冠心病等，可选择慢跑、走、爬山、原地跑、骑自行车、上下楼梯、长距离游泳以及跳绳等耐力性项目。

如果是为了治疗疾病，则必须选择专门的医疗体操，如内脏下垂者做腹肌锻炼；慢性支气管炎、肺气肿患者应做专门的呼吸体操；扁平足、脊柱畸形则做矫正体操等。

体育运动的高冲击运动和低冲击运动各有其功能作用。像打篮球、跑步以及节奏很快的有氧体操等对关节的负荷量施加较大的运动，即是所谓高冲击运动；所谓低冲击运动，是对关节的负荷量施加较小的运动，包括游泳、散步、节奏较慢的有氧操、骑自行车等。初学者或那些易受伤者应选择低冲击量的运动方式，因为高冲击量的运动方式容易使锻炼者受伤。

此外，还有力量性锻炼项目：如拉力器、哑铃练习，单、双杠器械练习等；一般健身性锻炼项目：如各种球类、游戏、广播操、八段锦；专门体操锻炼项目：如医疗体操、矫正体操等。

需要注意的是，锻炼时要有一定节律性，无呼吸紊乱或憋气现象，并能使身体得到较全面的锻炼。

2. 锻炼频率

锻炼频率指每周锻炼的次数。运动频率取决于运动强度和每次运动的持续时间，一般每周锻炼3～5次为宜，就是隔日或每日锻炼一次，可使运动效果得到较好蓄积，锻炼效果最好。如果是运动负荷较大的项目，休息间隔时间可以稍长一些。但最低运动频率不要少于每周2次。

（1）如果每周就运动1次，每次都会出现疲劳和肌肉酸痛，过了两三天后身体仍然感觉不适，运动效果是难以蓄积的。当然，刚开始起步锻炼者，可以每周锻炼1次，逐步提高运动频率。

（2）如果每周运动两次，疲劳和肌肉酸痛会有所减轻，身体没有感觉不适，运动效果就开始有所蓄积了。

（3）如果每周运动3～5次，肌肉较为适应了，最大摄氧量会增加，运动效果会有明显的蓄积。

（4）如果每周运动5次以上，很难再提高最大摄氧量，相较每周运动3～5次运动效果再没有明显地增加，而且容易造成运动损伤。

因此，如果是为了健身，应采用小负荷运动，以次日不感觉疲劳为宜。最重要的是养成运动习惯，并持之以恒。

3. 锻炼强度

锻炼强度是运动处方制定的核心部分，指锻炼时一定时间内人体承受的生理负荷量。锻炼时的心率增加与机体能量消耗成正比，因而在进行提高心肺功能的锻炼时，通常通过测量心率来判断运动强度。有时还可参考最大吸氧量的百分数、代谢当量、自觉疲劳程度等来确定运动强度。

而不同锻炼者的运动能力各有差异，需要通过科学的检测来确定适宜的运动强度。运动强度可分为以下几种。

（1）训练有素者运动强度：为提高运动成绩，应在最大强度的85%以上。

（2）普通人的运动强度：应在最大强度的60%～70%。

（3）有严重疾病（如心脏病）者运动强度：不超过最大强度的60%且不低于40%。

4. 锻炼持续时间

锻炼持续时间不包括锻炼前的准备活动和锻炼后的整理活动。一般情况下，锻炼时需15分钟以上才能达到适宜心率，所以，每周应至少锻炼3次、每次持续至少20～40分钟，如此才能有效地提高体能水平。

（四）注意整理活动

整理活动指正式锻炼活动结束后立即进行的5～15分钟的低强度活动。

比如，在跑步锻炼后进行数分钟的慢走。

在运动处方中，整理活动是必不可少的，其重要性在于以下几点。

（1）整理活动可以加速使血液从肌肉返回心脏。人在锻炼时，血液大量地被运送到机体各个器官，当锻炼停下来后，沉积的血液如不能重新分流，锻炼者会感到头晕甚至晕倒。

（2）尽管一次整理活动不能完全消除肌肉酸痛，但会降低因运动引起的肌肉酸痛程度。

（3）整理活动有助于逐渐降低体温，避免受风寒感冒。

（五）随时进行微调整

锻炼者的个人身体条件以及锻炼环境是不确定的，运动前设置的运动处方不一定完全适用，在锻炼过程中，应根据实际情况随时进行必要的微调整，以保证运动处方更科学合理，确保锻炼者在安全、有效的运动中愉悦身心，增强体质。

第三节　运动防护

一、运动损伤的防护

（一）加强安全防护教育

许多体育锻炼的参与者尤其是初次参与运动者，对运动损伤认识不足，既没有在运动前做好充分的思想准备，在运动过程中也疏于防护损伤，或者在思想上麻痹大意，重视不足，以致造成许多不必要的损伤。

因此，在参加体育活动前，应从思想上重视运动损伤的预防，克服麻痹思想，加强安全教育，采取积极的预防措施，提高预防运动损伤的风险意识，从而尽量减少甚至完全避免运动损伤。首先，体育运动指导教师应格外重视，总结经验教训，引导学生在思想上重视预防运动损伤；其次，学生应认真学习教师传授的知识和技能，提高运动中的安全防护意识，防患于未然，在运动中量力而行，积极完成技术动作，改进运动方法，遵循运动规律，遵守体育锻炼的各项原则，减少和避免发生运动损伤。

（二）运动前进行热身

热身是指在体育锻炼之前进行一系列的身体练习。热身的目的，在于打破人在安静时的身体生理平衡状态，通过一些活动将内脏各器官系统迅速调动到运动状态。

运动前做好热身准备活动是十分必要的，因为许多运动损伤都是由于事先没有进行热身造成的。热身的作用是提高中枢神经系统的兴奋性，提高肌肉的弹性、灵活性和力量，扩大关节、韧带、肌肉的活动范围，使关节腔内的滑液增多，提高心血管和呼吸器官的活动能力，克服内脏器官的惰性，促使机体适应接下来的运动要求，预防或减少锻炼中超生理负荷带来的肌肉和韧带等部位的运动损伤。

常见的热身活动有：快走、慢跑、拉伸肌肉韧带关节，以及原地连续性徒手体操等全身性活动。对于可能发生损失的环节和易伤部位，尤其应做好充分的热身。通过这些全身性活动，不仅能活动开四肢关节，还有助于提高一般性运动能力。然后，最好再做一些与主项运动内容有关的模仿练习动作，可有效促使大脑皮质中的运动中枢兴奋性达到适宜水平，从而使正式运动很快就进入状态。

热身持续时间的长短、活动量的大小，应参考具体的锻炼内容、项目、强度、季节和气候，并结合锻炼者自身情况、训练水平高低而定，以达到身体发热、微微出汗、全身舒爽灵活为标准。

在夏季进行体育运动，或者进行的是技术动作比较简单的项目，热身活动不宜太久，量也可以小一些，以免运动开始前就造成身体疲劳；在冬季进行运动，或进行技术复杂的项目，热身活动时间应适当延长，活动量也可以加大一些。热身活动跟正式运动之间间隔1～3分钟为宜，如果热身后休息时间过长，热身的效果就要大打折扣了。

（三）做好器械场地服装等准备

在体育运动前，应营造安全的运动环境，检查器械设备有无损坏，检查场地是否适合运动，重视安全检查维修和卫生要求。

此外，应特别注意穿好专业运动鞋。绝大多数体育锻炼都会涉及跳跃或者奔跑，在脚落地时难免震动身体。挑选鞋底柔软具有弹性的材料制成的专业运动鞋，能有效地对脚落地动作产生缓冲，从而预防或减少运动损伤。

（四）技术动作应正确无误

在体育运动中，经常有人没有掌握动作技术要领、没有形成自动化动作，就盲目瞎练，冲动性地完成动作，从而引发运动损伤，出现安全事故。研究发现，人们在熟练掌握动作要领之后，其意识就可以在身体动作执行以前预见到。曾经有运动生理学家说过："我们的意识首先接触到刺激，然后接触到对于动作过程的知觉。这种动作感觉逐渐与印象产生联想，以后印象就能在活动之前唤起动作感觉的再现。"熟练掌握了正确的动作要领，注意锻炼的科学性，加强身体的全面锻炼，提高了运动动作的预判性，就可防止局部运动器官负担过重，提高机体对运动的适应能力，从而避免发生运动损伤。

（五）对抗和谐

许多体育运动项目，源自生活中的游戏对抗或军事搏杀模仿，参与者从中感受体育对抗性的快感，观众从中获得娱乐。但许多集体性体育运动或者比赛身体对抗比较强，参与者之间由于情绪性因素或者技术动作上不到位，常常导致运动损伤的发生。所以，在体育界，为了避免运动损伤，加强运动对抗的公平竞争，通常都制定了竞赛规则和要求，在正式比赛前进行遵守体育规则和道德的宣誓。在对抗性运动中，参与者应提高自我保护能力，防护被对方伤害到，尤其对易伤部位重点保护，如摔倒时立即屈肘、低头、团身滚动，从高处跳下时，用前脚掌着地屈膝缓冲等；同时，严格遵守运动规则，进行和谐的对抗，避免伤害对方。

（六）运动后做放松整理活动

1. 整理活动

进行体育运动，会破坏身体原先的生理平衡，引起一系列生理变化，这些变化不会随着运动结束而即刻终止。比如，呼吸和血液循环，在停止运动后，还会在较高水平上运行，需要恢复到运动前的水平；身体会不可避免地出现疲劳。因此，在结束运动之后，不宜马上静止休息，而应进行一些放松性整理活动，改善肌肉的血液循环，使肌肉中血流通畅，及时排除二氧化碳并清除代谢物，消除肌肉酸痛和运动疲劳，从而使身体从紧张激烈的肌肉运动状态逐渐过渡到相对安静状态，达到新的生理平衡，防止局部负担过重出现损伤。

2. 注意保暖

在剧烈的运动后，人体的毛细血管都是张开的，大量散发热量，如遇冷水和冷风刺激，容易使人感冒；而且，如果经常受冷刺激，容易引起关节炎。因此，在运动后，应注意保暖。

3. 不宜立即洗热水澡

人在剧烈运动时，流向肌肉的血液会增加，会加快心跳速率，如果在运动结束后立即洗热水澡，会刺激血液大量流向肌肉和皮肤，可能因此引起心脏和脑部等器官供血不足，突发晕厥。因此，在运动后，不宜立即洗热水澡。

（七）加强易伤部位的练习

平时加强易伤部位的针对性锻炼，提高其机能，是预防运动损伤的积极手段和重要环节。比如，为了预防关节扭伤，要加强周围肌肉及韧带的力量、强度和柔韧性，从而加强关节的稳定性；为了预防膝部损伤，要加强股四头肌的练习；为了预防腰部损伤，要加强腰部和腹部肌肉的练习。

锻炼者应加强自我身体锻炼的医务监督，积极调节机体，使之处于良好的运动状态，避免发生运动损伤。

二、运动性疾病的防护

在体育运动中，锻炼者有时可能对运动刺激不适应，或者运动训练安排不当，会造成体内功能紊乱而出现疾病、综合征或机能异常，被称作运动性疾病。运动性疾病的发生，主要与锻炼者的身体状况、运动负荷安排、锻炼时间、环境以及锻炼方式方法等因素有关。

（一）运动腹痛

1. 运动腹痛产生的原因

在中长跑运动时，有人可能因为准备活动不充分，或开始时运动过于剧烈，下腔静脉压力上升，血液回流量受阻，呼吸紊乱，致使膈肌运动异常，血液淤积以及脾肝外膜张力增加，引起两肋间疼痛；或者在运动前饮食过量，或者腹部受凉，而引起胃肠痉挛等，都可能导致腹痛。

2. 运动腹痛的预防

在体育运动前一小时内不宜进餐，并应在进行运动前做好充分的准备活动，运动负荷循序渐进，运动过程中注意呼吸节奏，切忌憋气，由此预防运动腹痛。

（二）肌肉痉挛

1. 肌肉痉挛产生的原因

肌肉痉挛就是坊间俗称的“抽筋”，是肌肉不由自主地突然性强直收缩的表现。肌肉痉挛的原因，多是因为在运动过程中，肌肉受到寒冷等强烈刺激，或因锻炼者情绪过于紧张所致，或因肌肉快速连续性收缩，导致肌肉收缩与放松失调，特别在局部肌肉处于疲劳时，更容易发生肌肉痉挛。

2. 肌肉痉挛的预防

在每次进行体育运动前，对小腿腓肠肌、跖屈和跖肌等容易发生痉挛的肌肉部位进行适当的按摩，同时，在运动过程中对这些部位注意保暖。

（三）运动性晕厥

1. 运动性晕厥产生的原因

运动性晕厥，是指在体育运动过程中，脑部突然供血不足，氧债不断积累并达到一定程度而发生一时性知觉丧失的现象。运动性晕厥的症状有：面色苍白、手足发凉、呼吸缓慢、眼前发黑、失去知觉后突然晕倒。此外，长时间剧烈运动使下肢回流血液受阻，或久蹲骤起，突然进入剧烈运动状态，或剧烈跑步后立即停止不动，或空腹运动引起低血糖等，都可能引起运动性晕厥。

2. 运动性晕厥的预防

平时应加强体育锻炼以增强体质；根据个人情况，运动量适宜，避免长时间过量运动，以防止过度疲劳；避免在长时间未进食的饥饿状态下进行剧烈运动；疾跑后不要立即停下；久蹲后不要猛然起身，而应慢慢起身。

（四）中暑

1. 中暑发生的原因

如果在高温或通风不良的环境中，或者艳阳高照、头部长时间在烈日下暴晒进行体育锻炼，因体温调节功能障碍，很容易发生中暑。

2. 中暑的预防

如果是在高温或烈日环境下，应适当缩短运动时间，减少运动量，减少高温或者长时间被烈日暴晒的危害，同时应及时多次补充低糖含盐的饮料。

第四节　运动损伤

一、运动损伤的概念

运动损伤，是指在体育运动过程中受到机械性和物理性方面的因素影响所造成的机体伤害。至于运动损伤的具体部位，与运动项目以及专项技术特点有关。比如，体操运动员的腕、肩及腰部往往容易受伤，这跟体操动作中的支撑、转肩、跳跃、翻腾等技术有关；网球运动员和标枪运动员的运动损伤往往是网球肘。

二、运动损伤的原因

造成运动损伤的原因有直接原因和诱因等多方面原因，与锻炼者的体育基础、体力水平有关，像运动项目、技术难度以及运动环境等外部因素也容易引发运动损伤。

在体育活动中，诱发运动损伤的原因主要有以下几种。

（1）体育锻炼者思想上对预防运动损伤的重要性和可能性未引起足够重视，缺乏运动安全观念，思想麻痹大意。比如，未在运动前检查器械是否存在安全隐患，预防措施不得力等。这一条是造成运动损伤的主要原因。

（2）忽略和轻视热身。进行体育锻炼时，人体运动器官等需要时间适应。在锻炼前，热热身、出出汗，可以加速血液循环，让肌肉和韧带得到预热，从而降低运动损伤的概率，并提高锻炼效果。比如，在举重或者使用有氧运动器械前，进行慢走或者骑单车等几分钟热身活动。如果没有进行必要的热身等准备活动，运动器官、内脏器官功能没有达到运动所需的状态，就容易出现运动损伤。

（3）进行的运动负荷跟锻炼者的运动基础不匹配，锻炼者不遵守循序渐进等锻炼原则，或局部负担量过大，超过生理承受力，比如举过大的重量；或运动时间过长等。如果要增加肌肉力量，务必循序渐进训练。

（4）运动技术水平低，对动作不熟练，锻炼方法不科学，擅自压缩锻炼时间，比如，将1周的锻炼量压缩到周六的下午做完；或者盲目追求超出自身运动技能的高难度动作。

（5）忽略和轻视放松。体育运动会耗费较长时间，一些人为赶时间，在做完最后一组练习后往往不做放松练习，就直奔浴室。正确的做法是，运动结束后，用几分钟的时间，将心率降至正常水平。

（6）技术上存在错误，或自我保护能力差，易伤部位平时缺乏锻炼，在运动时又缺乏针对性的保护。

（7）不做伸展。进行大锻炼量之前，先进行热身，热身结束后，为了降低运动伤害，还应该做些伸展肌肉运动。经常性地伸展练习，可以大幅度提高柔韧性。

（8）在体育运动过程中缺乏经验，思想过分紧张，或有恐惧心理、判断犹豫、动作粗野、违反规则。

（9）运动环境不符合运动要求，或者太热或者太冷，或者存在污染或者噪声太大；运动场地设备不完善，空间狭窄，地面不平整；运动器材、运动服装不符合要求；或光线暗淡，遭遇刮大风、下大雨大雪不利天气等。

第五节　运动损伤的现场处理与救护

一、运动性疾病的处理与救护

（一）运动腹痛

如果在体育运动中产生了腹痛，应及时适当降低运动强度，减慢跑速，加深呼吸，同时可用手揉按疼痛部位或弯腰跑一段，大多情况下疼痛即可缓解。如果腹部疼痛非常严重，应立即停止运动，并每次服一片普鲁苯辛或适量中成药十滴水，还可揉按内关、足三里、大肠俞等穴位，如果仍然没有好转，应及时去医院诊断治疗。

（二）肌肉痉挛

如果在体育运动中产生了肌肉痉挛，立即对痉挛部位进行强制性牵引。同时，配合局部按摩，并点压委中、承山、涌泉等穴位，一般可有效缓解痉挛症状，待休息一会儿后，再接着进行运动。

（三）运动性晕厥

如果看到有人在体育运动中产生了运动性晕厥，应立即将患者身体平卧，并使其足部高于头部，由小腿向大腿心脏方向进行推按，同时点按人中、合谷穴位。如果发现患者发生了呼吸障碍，应立即进行人工呼吸。对于轻度患者，可搀扶其慢走，让其进行深呼吸，即可逐渐消除症状并恢复正常状态；对于重症患者，经临场处理后，应及时送往医院治疗。

（四）中暑

如果在体育运动中产生了中暑现象，应立即到阴凉通风处安静平卧休息，采用物理降温措施。解开衣领，冷敷额部，用温水抹身，并饮用含盐的清凉饮料或中成药十滴水，一般数小时后即可恢复正常。

如果患者病症严重，经临时处理后，应立即送往医院治疗。

二、常见运动损伤的处理与救护

（一）开放性软组织损伤

在体育运动中，开放性软组织损伤包括擦伤、撕裂伤和刺伤，其共同点是都有创口和出血。

1. 擦伤

（1）擦伤的原因和症状

皮肤擦伤是体育运动中最常见的运动损伤之一，一般发生在篮球、羽毛球、排球等具有对抗性的运动中。擦伤指锻炼者体表与粗糙物相互摩擦后造成开裂出血或渗出组织液，属于皮肤组织损伤。其症状有皮肤磨损、出血或者有组织液渗出。

（2）擦伤的处理

如果擦伤的创口较小较浅，且无大面积渗血，可先用生理盐水或温水清洁伤口和周围皮肤，伤口处若有泥土、沙石等杂物，应用消毒工具清理干净，再用碘伏消毒，一般不用包扎。切忌直接用自来水清洗创口。

如果创口较深，创面较大，且渗血明显，说明伤情较重，除了上述应急处理措施外，应送往医院缝针，并注射破伤风、抗毒血清，以防止伤口感染。

2. 撕裂伤

（1）撕裂伤的原因和症状

这指锻炼者在激烈、紧张运动时突然受到强烈撞击所造成的皮肤和软组织撕裂损伤，一般以头、面部撕裂为多见，比如眉际撕裂、肌腱撕裂等；包括开放伤和闭合伤，开放伤会马上出血，伤口周围肿胀，闭合伤只是肿胀没有出血，触摁会有剧烈疼痛感。

（2）撕裂伤的处理

对于轻度的开放伤，在伤口处涂抹酒精或碘伏即可；如果裂口比较大，需要去医院进行止血并缝合伤口，最好再注射破伤风、抗毒血清，以防破伤风症；如果是肌腱撕裂，则需要通过手术进行缝合。

3. 刺伤

（1）刺伤的原因和症状

刺伤是指细长尖锐器物刺入体内所造成的损伤。刺伤会有明显伤口，伤口处会出血。

（2）刺伤的处理

如果刺伤比较轻微，应及时止血、清洗伤口，并进行包扎；如果伤势比较严重，则须及时清洗伤口，进行包扎，并送往医院治疗，及时对伤口进行缝合、包扎，为防止伤口可能受感染，还应注射破伤风。

（二）闭合性软组织损伤

闭合性软组织损伤包括挫伤、肌肉拉伤和关节、韧带损伤等。

1. 挫伤

（1）挫伤的原因

挫伤是锻炼者身体某一部位被外来钝力打击、挤压或身体碰撞、摔倒在坚硬物体上，造成局部软组织受损造成的运动损伤。

（2）挫伤的症状

单纯的挫伤在损伤处会出现红肿和皮下出血，并伴有疼痛感。如果发生了严重性挫伤，伤者会出现头晕、脸色发白、心慌气短、出虚汗、四肢发凉、烦躁不安甚至休克症状。

（3）挫伤的处理

发现有锻炼者受了挫伤，首先应在24小时之内采取止血、防血肿措施。闭合性软组织发生损伤后，多有内出血情况，应立即止血，以防止形成血肿。一般处理方式有对其受伤部位进行冷敷、抬高患者伤肢、加压包扎或外敷中草药等。

如果怀疑内脏受伤，应及时送往医院接受进一步检查和治疗。情况不严重的话，在48小时之后，可对患者受伤部位进行按摩或理疗。进入恢复期后，患者可以进行一些功能性锻炼。

2. 肌肉拉伤

（1）肌肉拉伤的原因

体育运动就是通过人体的肌肉活动实现的，当肌纤维沿着力的方向产生位移，如果超过了肌纤维的强度，会造成肌纤维的部分或全部发生撕裂或断裂等解剖的结构改变，这就是体育运动中的肌肉拉伤。简言之，在外力直接和间接作用下，使肌肉过度主动收缩或被动拉长就产生了肌肉拉伤。

肌肉拉伤是体育运动中最常见的一种运动损伤，一般发生在剧烈运动中。锻炼者在运动前没有做好充分的热身准备，肌肉的生理机能尚未达到适应突然进行爆发力的剧烈运动所需的状态；或者因为平时训练水平不够，肌肉的弹性、伸展性、力量都较差，加上疲劳或负荷过度，使肌肉机能降低，力量减弱，协调性下降；或者因为技术动作不够标准规范，动作过猛或粗暴等，都容易造成肌肉拉伤。

（2）肌肉拉伤的症状

肌肉拉伤的多发部位为腰部、臂部和大腿等肌肉较集中的部位，表现为伤部疼痛、肿胀、压痛、肌肉紧张或痉挛，并伴有功能障碍。

（3）肌肉拉伤的处理

立即给受伤部位降温（最好冰敷30～60分钟），局部加压包扎并抬高伤肢，以防止继续出血，48小时后可进行理疗和按摩。也可采用冷处理的方法，即用凉水冲洗、冰袋敷或用氯乙烷喷剂和云南白药喷剂喷在伤处。切忌立即对患者采取按摩、热敷等治疗措施。

3. 关节、韧带损伤

（1）踝关节扭伤的原因

在体育运动中，关节、韧带损伤是因动作不慎，如崴脚、挤压等使关节发生超常范围活动，造成韧带、肌腱、关节囊损伤。

其中，踝关节扭伤是最高发的运动损伤，约占所有运动损伤的40%。踝关节扭伤多数由于锻炼者跳起落地时动作不协调或者因为场地不平，致使身体失去平衡，踝关节过度内翻或外翻所致。此外，在体育运动中，也常见肩关节、髌骨、腰部关节遭受损伤的情况。

内外踝和胫骨后缘构成踝关节的踝穴，距骨上面的鞍状关节面位于踝穴中。距骨的鞍状关节面前宽后窄，背伸时较宽处进入踝穴，跖屈时较窄部进入踝穴，只要踝关节在跖屈位稍松动，就比较容易出现内翻外翻的扭伤。而且，踝关节踝穴较深、外踝腓骨较长，而内踝胫骨较短、踝穴较浅，所以踝关节更易发生内翻扭伤。尽管踝关节不易发生外翻扭伤，但如果真的出现了外翻扭伤，伤势往往非常严重。一旦发生断裂，一般都会引起踝关节不稳，而且，大概率还会连带骨折和其他韧带损伤的出现。

韧带拉伤普遍发生于踝关节，一般在运动时重心不稳、动作失误时容易发生。

（2）踝关节扭伤的症状

锻炼者的踝关节一旦扭伤，疼痛是必然的，而且扭伤部位多半会肿胀起来，接着淤斑会出现。如果扭伤严重，患足会无法活动。当外踝出现扭伤，伤员尝试行足内翻会加剧疼痛。内侧三角韧带损伤时，患者在尝试行足外翻时疼痛症状会加剧。

经休息后疼痛和肿胀可能消失，但如果不进行规范处理，往往会出现因韧带松弛导致的踝关节不稳，以后在运动中容易反复扭伤。

（3）踝关节扭伤的处理

发现有锻炼者发生踝关节扭伤后，应立即免除其负重，对伤处进行冰敷，用绷带加压包扎，抬高患肢。在24小时后，根据患者伤势采取综合治疗。切忌立即采取热敷、按摩等方法治疗。

如果是较轻微的外踝韧带损伤，可进行保守治疗，即用石膏或支具将踝关节于轻度外翻中立位固定，固定时间为3～6周。固定期间尽量避免负重。在拆除石膏或支具后，应立即进行相应的康复训练，以防止肌肉萎缩以及可能出现的关节粘连。经过科学的康复治疗，一般3个月后就可恢复如初。

如果外踝韧带损伤比较严重，出现踝关节不稳及关节囊撕裂，建议进行手术治疗来修复韧带，以防止出现因踝关节不稳导致的反复扭伤。术后，还需要用石膏固定3～6周，拆石膏后可负重行走。康复期一般需3个月至半年。

一般较少出现单纯内踝韧带损伤情况，患者如有外翻扭伤病史并伴有内踝处疼痛肿胀，则应高度怀疑有合并其他损伤的可能。单纯内踝韧带损伤可采取石膏或支具轻度内翻中立位固定3～6周。在拆除石膏后，立即进行康复训练，防止肌肉萎缩及关节粘连。一般3个月后就可恢复如初。如果内踝韧带损伤比较严重，一般伴有骨折或其他韧带损伤，则需要进行手术治疗。

需要注意的是，关节扭伤后如未及时治疗以及根治，在继续活动时极易反复受伤，而引起创伤性滑膜炎、关节软骨磨损等，导致关节提早退化。

4. 脑震荡

（1）脑震荡的原因

在体育运动中，两人头部相撞或头部撞击了硬物，或从高处跌落下来头部着地，都可能造成脑震荡。脑震荡是指头部受到外力直接或间接打击后，脑的神经细胞和神经纤维因受到震荡而引起短暂性的意识和机能障碍，但脑组织并没有明显的病理变化特征，不久即可恢复。

（2）脑震荡的症状

锻炼者发生脑震荡后，立即出现短暂性的意识障碍，神志恍惚、朦胧或意识浅昏迷状态，持续几秒或数分钟，最多不超过半小时。清醒过后，在短期内表现出反应迟钝，记忆力下降，并伴有头部胀痛、恶心呕吐、面色苍白、脉搏细弱、肌肉松弛、呼吸缓慢、耳鸣、全身无力、神经反应减弱或消失等症状，双侧瞳孔可能扩大但对称。

（3）脑震荡的处理

当发现有锻炼者发生脑震荡后，应立即让患者安静平卧，进行头部冷敷；如果患者已陷入昏迷，可以掐其人中、内关、合谷穴，出现呼吸障碍时可实行人工呼吸等措施。

如果患者昏迷超过数分钟，或反复昏迷，两瞳孔放大且不对称，或耳、鼻、口有出血现象，应立即送往医院进行抢救。在转送医院途中，应让患者平卧，头部固定，避免路途颠簸导致头部震动。

患者经治疗后，如果已无危险，处于恢复期时，应保持情绪安定，减少脑力劳动。要加强对患者的心理治疗，指导患者正确认识疾病，消除心理及环境因素的影响，让患者多多卧床休息，直至头痛、头晕等症状完全消失，听觉、视觉和言语功能完全恢复如初。

5. 骨折

（1）骨折的原因

在体育运动中，锻炼者身体某部位遭受到直接或间接的暴力打击发生严重运动损伤，被称作骨折。简言之，骨折就是骨骼的完整性和连接性遭到损坏。运动骨折以四肢长骨骨折最为多见。比如，锻炼者在运动中摔倒时手臂直接着地，或用手掌撑地，容易发生尺骨、桡骨骨折；在足球运动中，小腿被重踢，容易发生腓骨、胫骨骨折。

如果断骨没有刺出皮肤，称为闭合性骨折；反之，则为开放性骨折。

（2）骨折的症状

锻炼者发生骨折后，首先会感到剧烈疼痛，接着骨折部位立即出现肿胀，肌肉痉挛，皮下淤血；如果骨折情况严重，患处会发生变形，移动时可听到骨头摩擦声。

（3）骨折的处理

①优先止痛抗休克。如果锻炼者发生了骨折，应立即停止运动。若患者疼痛剧烈，出现休克症状，应先进行抗休克，其方法是，使患者平卧，头部略放低，以增加头部供血量，可立即点按人中、合谷穴位，并同时实行口对口人工呼吸或心肺复苏。无论患者是否苏醒，应及时送往正规骨科医院进行治疗。

②伤口处理。如果患者伤口出血，应同时实行止血、包扎，但不得使

骨折肢体发生位移。

③固定制动。当环境条件不具备，先用夹板、木板、木棍、竹片等其他代用品固定患者的伤肢，切不可随意复位，以免加重损伤，并立即安全护送至医院治疗。

6. 关节脱位

（1）关节脱位的原因

关节脱位，俗称“脱臼”，是指在体育运动中，因突然受到外力的击打碰撞，关节失去正常的连接关系。关节脱位可分为完全性脱位和半脱位（或称“错位”）两种。一般情况下，关节脱位会同时引起关节周围的韧带肌腱及其附着组织的损伤和关节囊撕裂。

（2）关节脱位的症状

锻炼者关节脱位后，受伤部位会出现肿胀、畸形，疼痛难忍，不能进行正常的活动，因软组织受伤而出现炎症反应，有的会出现肌肉痉挛现象；严重的情况下，可能会引起骨折，伤及神经、血管。

（3）关节脱位的处理

如果关节发生了脱位，首先应设法给患者止痛，防止其出现休克，再用长度和宽度相称的夹板固定脱位关节；要是一时无法找到夹板，紧急情况下，可以将患者伤肢固定在本人的身体上。如果治疗人员不具备整复技术，则不可随意做整复手术，以免增加患者新的痛苦，再度增加伤害，应做简易处理后，迅速护送到专业医院进行整复。

7. 网球肘

（1）网球肘的原因和症状

网球肘是由于肌腱止点负担过重造成的。人们在打羽毛球、乒乓球运动时，可能引起网球肘，并不仅是因为参加网球运动才引发这样一种运动损伤。其主要症状有：手肘外侧十分疼痛，手无法握紧，稍用力疼痛会加剧，基本无法打反手球了。

（2）网球肘的处理

减轻患者的负荷，给受伤部位降温，可以抹上止痛膏，但不宜进行固定。可让患者手臂在没有负荷的情况下尽可能多地运动，会很快减轻疼痛。

三、常见运动损伤的现场救护

（一）现场救护的概念

运动损伤的现场救护，是指对体育运动中突然出现的严重损伤进行紧急、初步和临时性急救和治疗，以尽快减轻患者的痛苦，避免加重伤害，预防并发症，为转送医院进一步治疗创造条件。现场救护措施是否及时和方法是否正确，直接关系到患者的生命安全以及事后的致残率高低。

在体育运动中，有人突发运动损伤，如果处理不当，轻则加重损伤，导致感染，加重患者痛苦；重则致残，甚至危及生命。因此，现场救护必须及时、准确而且有效。

（二）现场急救的原则

1. 临危不惧，正确判断

运动损伤的现场救护是一项危急、重大而又复杂的医疗技术，救护人员应具有高度的责任感和救死扶伤的崇高品德，既要临危不惧，又要正确判断，使患者得到及时、准确的救护，减少痛苦，更远离生命危险。

2. 抓住主要伤情

体育运动中的损伤，现场情况往往比较复杂，有可能同时出现多种损伤。这种时候，救护人员应判断出伤者的主要伤情或可能有生命危险性的伤情，进行相应的救护。如果患者已经休克，应首先抗休克，可以针刺或手掐人中、内关穴，必要时进行人工呼吸，然后再做其他损伤的处理。

3. 分工明确，有条不紊

参加现场救护的所有人员应分工明确，有条不紊地实施抢救；要有熟练、正确的救治技术和丰富的临场救护经验。

4. 快抢、快救、快运转

现场救护甚于救火，救护人员应分秒必争，当机立断，切勿犹豫，延误时机。待抢救有效后，应尽快将患者转送到最近且具备运动损伤救护能力的医院，做进一步治疗。在运送途中，应确保患者身体固定，情绪平稳，消除其紧张情绪。

（三）现场救护的常见方法

1. 止血法

（1）冷敷法

急性闭合性软组织损伤常用冷敷法止血。用洁净的冷水冲洗患处，或用毛巾在伤处附近扎紧，或用冰袋敷于损伤局部，如果条件具备，可使用复方氯乙烷气雾剂。冷敷可以使血管迅速收缩，降低组织温度，减少局部充血，使神经的感觉得到抑制，从而达到止痛、止血以及消除局部肿胀的效果。

（2）抬高伤肢法

将受伤肢体用绷带加压包扎后，一般应抬高伤肢与心脏齐高。抬高伤肢，可使伤处血压降低，血流量减少，以起到减少出血的作用。此法常用于四肢小静脉或毛细血管出血的止血。

（3）压迫法

压迫法可分为指压法、止血带法、包扎法等。

①指压止血法。常用于较大的动脉出血后。

用指腹直接压迫出血位置。但由于手指直接触及伤口，容易引起感染，所以最好敷上消毒纱布后进行指压。尽量用指腹压迫在出血血管的上方靠近心脏处，以阻断血流。

示例一：锁骨下动脉压迫法

可使臂的上部及肩部止血。

示例二：胫前或胫后动脉压迫止血法

当足部出血适用此法来止血。在踝关节的背侧，在胫骨的远端将胫前动脉压向胫骨，也可以在内踝后方将胫后动脉压向胫骨。

示例三：肱动脉压迫止血法

将伤臂外推，用大拇指将上臂中部的肱动脉压往肱骨上。适用于前臂和手部出血的止血。

②包扎法。主要有绷带包扎法。用数层无菌敷料覆盖再用绷带加压包扎，压住出血的血管以止血，同时应抬高伤肢。此法适用于小动脉、小静脉或毛细血管的止血。包括“8”字形包扎法、螺旋形包扎法、环形包扎法、三角巾包扎法、螺旋反折形包扎法等。

注意：如果伤口内有碎骨片，应严禁使用该方法，以免加重损伤。

③止血带法。临时止血带通常包括皮带、皮管、毛巾、布条等。实施的时候，首先将患肢抬高，然后在患处更靠近心脏的上面部位敷扎止血带。为不至于敷扎太紧，造成肢体组织坏死，最好先加垫再敷扎。

2. 搬运法

将伤员进行适当的现场救护处理后，应将其迅速和安全地送到室内休息，或送往医院接受进一步治疗。搬运伤员应使用正确的方法，以下几种方法是常用的。

（1）抱托法

此法适用于虽然神志清醒，但身体虚弱的伤员。救护者一只手抱托住伤员的背部，另一只手托住其大腿及膝窝处，将伤员抱起，让伤员的一臂搭扶在救护者肩上。

（2）椅托法

需要两名身强体壮的救护者配合实施，两人相对而立，用同侧的手相互握住对方的前臂，另一只手相互搭在对方的肩上，做成一把椅子的形状，把伤员放在上面坐着，让伤员的两臂分别搭在救护者的肩上。

（3）扶持法

此法适用于伤情较轻、神志清醒、基本能自己步行的伤员。救护者让伤员的一只手臂搭扶在自己的颈肩上，拉握住伤员的手部，另一只手扶挽住伤员腰部。

（4）担架法

可用特制担架抬运伤员，如果条件不具备，能就近找到门板、凳子等作为担架代用品也未尝不可。

（5）三人抱法

此法适用于神志不清和体力严重衰弱的伤员。三名救护人员站在同一方向，同时用双臂将伤员托抱起来，并协调地行走。

（6）车辆运送法

要想既快又安全地运送伤员，当然首选用车辆了。不过，应注意在运送途中防止震动和颠簸。

3. 人工呼吸法

对已经停止呼吸或心跳的伤员，应采取人工呼吸等紧急救护措施。通过按压伤员心脏或其他方法，形成暂时的人工循环、恢复心脏的自主跳动和血液循环，以人工呼吸代替自主呼吸，以使伤员尽快恢复意识，挽救生命。

人工呼吸法以口对口呼吸法和仰卧心脏胸外挤压法效果最好，其他方法还有俯卧压背法、举臂压胸法、仰卧心脏胸外挤压法等。

（1）口对口人工呼吸法

首先使患者仰卧，保证其头部后仰，使其呼吸道畅通，若其口内有异物，应及时取出来。为防止空气吹入胃中，应托起患者下颌，捏住患者鼻孔，压住环状软骨（食道管）。随即，救护者深吸一口气，两口相对，像吹气球一样将大口气吹入患者口中，吹气后将捏鼻子的手松开。如此反复进行，吹气频率每分钟为16～18次，直至患者恢复自主呼吸为止。

（2）心脏胸外挤压法

只有当患者同时满足无意识、无呼吸、无心跳三个条件，才可使用心脏胸外挤压法救护。

使患者仰卧，救护者两手上下重叠，用掌根置于患者的胸骨下半段处（患者两乳头连线中点），下面一只手的五指跷起，双臂伸直，然后借助于体重和肩臂力量，均匀而有节律地向下施加压力（按压频率每分钟以60～80次，每30次后稍停几秒钟），将胸壁下压3～4厘米为度，然后迅速地将手松开，胸壁自然弹回。如此反复进行，直至患者恢复心脏跳动为止。

4. 溺水救护

（1）救护步骤

①将溺水者救上岸后，首先应立即清除其口腔中泥土、杂草等异物和分泌物，并迅速将其俯卧，倒出其吸进的水，但不能在倒水环节拖沓延误。

②立即进行人工呼吸。如果溺水者心脏已停止跳动，应同时实施人工呼吸和心脏胸外挤压法。人工呼吸和心脏胸外挤压以1：4的频率交替进行。最好由多个救护者同时密切配合实施抢救，直至溺水者恢复自主呼吸为止。

③如果紧急施救后，溺水者仍未恢复自主呼吸，或者已经苏醒，两种情况下，都应立即送往医院，做进一步检查和治疗。

（2）区分真假死

有些溺水者被救起后，看起来似乎已经死亡，这种时候，常常需要判断溺水者是真死还是假死。可以通过以下四点来判断。

①心跳停止，脉搏消失。将耳朵贴在溺水者胸壁外，或用听诊器都听不到溺水者的任何心音。

②呼吸停止。既看不见又摸不到溺水者的呼吸运动，即使将细毛或发丝放在其鼻腔前，毛发也纹丝不动。

③瞳孔对光反射消失。用亮光直射溺水者瞳孔，但瞳孔没有缩小，也没有任何眨眼反应。

④角膜反射消失。用手指或细毛触及角膜，溺水者都不眨眼。

上述中，如果溺水者仅出现1～2个征象，则可断定并非为真死，而是一种“假死”现象，应继续采取急救措施；如果全部四个征象同时具备了，而且用手指从两侧挤压溺水者的眼球，瞳孔变成了椭圆形，那么，就可以断定溺水者已经真死了。

救护者切不可轻易判断溺水者为真死，在尚未完全出现真死征象之前，应刻不容缓地坚持抢救。

第六节　运动损伤的护理与复健

一、护理复健的重要性

随着全民健身活动的广泛开展，越来越多的人加入运动的行列中。人们进行体育运动应该遵循科学规律，注意必要的防护，同时也缺乏专业的指导；同时，一些锻炼者思想上不重视运动损伤，或者锻炼前没有进行必要的热身活动，或者运动方法掌握不正确、不熟练，或者急于求成而盲目加大训练强度，从而容易造成身体受伤。这种发生在体育运动过程中的机体伤害，就是运动损伤。

运动损伤并不同于日常生活中的损伤或一般的工伤，运动损伤是在所参加的运动项目、运动环境、技术动作以及运动者的自身条件等因素中出现的。

运动损伤有多种形式，损伤的部位也与运动项目密切相关。如体操运动员受伤部位多是腕、肩及腰部，因为体操动作中常出现支撑、转肩、跳跃、翻腾等技术动作；网球肘则多发生于网球运动员与标枪运动员。

运动损伤绝大部分属于急性，慢性很少。但是，如果急性损伤治疗不当、不及时，或者在未完全康复情况下过早参加训练，都可能转化为慢性损伤。

而运动损伤经治疗好转了，并不等于万事大吉，还须对损伤部位进行康复训练。康复训练与损伤后的治疗一样非常关键。因为运动损伤在好转之后，不管是肌肉还是关节、韧带，如果训练不当，还会引起重复损伤。

二、运动损伤后的注意事项

（一）及时检查是否骨折

当锻炼者发生运动损伤后，要赶紧检查一下，看看有没有发生骨折或者骨裂等情况，如果只是肿胀扭伤，可以喷洒云南白药然后立即冰敷处理。但如果发现骨折了，要尽快送去医院处理。骨折时尽量不要碰触患肢，以免造成二次伤害。如果不能确定是否发生骨折，在对伤处进行紧急处理后，务必去专业骨科医院拍片子检查，确诊损伤的程度，再进行相应的骨科治疗，以及正确的复健护理。

（二）放松肌肉彻底休息

肌肉拉伤其实就是肌肉纤维的断裂，如果发生肌肉拉伤后继续从事体育运动，那么裂口就会越来越大，最终造成重伤。所以，如果锻炼者一旦发生了肌肉拉伤，就应立即停止引起拉伤的活动。受伤后的疼痛，就是休息的信号。比如，如果在跑步或是做其他运动的过程中发生了肌肉拉伤，剧烈的疼痛可能会迫使锻炼者停下来喘气，这实际就是向伤者发出了信号，这时候最明智的做法就是彻底休息，停止继续运动。待完全复健后，才能再做同样的运动。

（三）注意调整饮食

发生运动损伤后，在治疗期间，要注意饮食的调整。饮食要兼顾营养均衡，全面补充机体所需营养，尤其应适当补充维生素、钙质、蛋白质等；不要吃刺激性大的食物，比如辣椒、洋葱、花椒、生姜等都比较刺激，这些食物可能会对运动损伤的复健造成影响；饮食要少吃多餐，尽量选择清淡易消化的食物。

（四）进行适当的按摩

如果运动损伤只是轻度的扭伤，患处发生肿痛，要进行冷热敷处理，有助于消肿止痛。在消肿后，可以对患处及周边进行适当按摩，这样更有利于损伤更快复健。此外，如果贴膏药的话，要注意按时换药。

（五）不可立即进行运动

运动损伤发生后，伤者要注意多加休息，避免劳累。尤其在治疗后的恢复期间，不可继续从事大运动量的体育运动，务必要等到消肿止痛后，再慢慢恢复训练。休养期间不要劳累，最好能保证充足的睡眠，保持良好的情绪状态，这些都将有助于运动损伤的复健。

（六）用拐杖辅助行走

如果锻炼者是脚遇到损伤，在治疗康复期间，可以借助拐杖辅助走路，只用健康脚行走，如果受伤的脚着地不引起疼痛，也可以略微着地，行走时，应像正常走路一样，让脚踵先着地，再整个脚掌着地。

三、运动损伤的复健原则

体育锻炼带来的运动损伤，在治疗好转后，如果没有恢复完全，可能会留下终身的后遗症。后遗症可能会影响患者继续参与体育运动，甚至可能对往后的正常生活造成一定的麻烦。因此，一定要采取正确的复健措施来应对运动损伤。

实施复健时，应遵循以下三个原则。

（一）整体性原则

在制订复健治疗方案的时候，要遵循整体性原则，即统筹兼顾，注意各个不同损伤部位的同时复健，以及不同康复阶段的特点。

（二）循序渐进原则

复健训练要遵循循序渐进原则，对康复运动的强度、时间和生理所能承受的负荷量进行科学合理的安排，采用逐渐加量、循环交替的方式，并随时进行必要的调整。

（三）针对性原则

针对伤者运动损伤的具体部位、伤势程度、治疗效果等情况，制订与之相对应的个性化复健方案，使其运动损伤在最短的时间内获得最佳的恢复。

四、运动损伤的基本复健方法

（一）物理因子疗法

运动损伤经治疗后，在康复期间，伤处经常会发生疼痛，如果不及时处理，会对锻炼者造成很大的心理障碍，进而直接影响功能恢复之后的继续锻炼活动。所以，应及时采取行之有效的措施来减轻和缓解损伤带来的疼痛。一般常用物理因子疗法来进行复健，主要方法有冷敷、温热治疗等。

此外，物理因子疗法还包括电疗、蜡疗、激光疗法、超声波疗法等。

（二）筋膜放松术

运动损伤后的康复期，如果伤者感觉一直肌肉紧张，常用筋膜放松术来进行复健治疗，既有助于松解筋膜，也有助于肌肉扳机点的松解，复健效果较好。

（三）恢复性训练

锻炼者在肌肉拉伤后的康复治疗期间，应进行恢复性锻炼。恢复性锻炼应在弹力绷带的保护下进行，以不出现疼痛为度。应注意遵循循序渐进原则，先进行静力性练习，逐渐过渡到动力性练习，再由力量性练习过渡到速度性练习；或者按照柔韧性、肌肉力量、速度、协调能力、全身耐力的顺序逐步进行，争取在最短时间内成功恢复运动功能。

务必对损伤部位进行恢复性康复训练，如果损伤处没有恢复如初，根本不能进行正常的常规训练。否则，极有可能导致原先损伤部位再次受伤。

运动损伤之后的恢复性训练，应注意以下几个问题。

（1）尽量保持全身训练和未伤部位的训练，以免训练水平、机能状态、健康情况下降。比如，上肢受伤练下肢，下肢受伤练上肢。

（2）应依据具体伤情而合理安排局部负荷量和训练内容，随着伤势的恢复而循序渐进。刚刚发生急性损伤阶段，可暂不活动伤处，以确保急性症状尽快好转。如果属于慢性损伤与劳损，最适宜实施合理的伤后训练。

（3）加强功能性训练。为提高伤部周围肌肉的负担能力，尽快恢复关节、肌肉的正常功能，提高组织结构的适应性，应加强伤处周围肌肉的力量和关节功能练习。

（4）加强伤后的医务监督。在康复期间，每次训练前，都应准备充分，使用护踝、护膝、护腕、护腰等保护支持带严格保护好伤部，也可以用绷带、胶布等固定支持，以防止再次受伤。

（四）整合训练

运动损伤者进行完肌肉紧张的处理和肌肉力量的恢复之后，可以有针对性地开展整合训练。整合训练主要包括基础的不稳定界面平衡控制练习，以及整体动力链动作练习等方法。

（五）心理干预

运动损伤不仅会对运动爱好者的身体造成损害，往往还会对其心理造成一定的影响，即使进行了必要合理的治疗之后，往往也容易出现焦虑、紧张、失落甚至恐惧等情绪。因此，在伤者康复期间，应注意观察伤者的心理恢复情况，在必要的时候，对其进行积极的心理干预，使其正视自己的伤痛过程，尽快完成复健目标。

五、两种常见运动损伤的复健

（一）前交叉韧带损伤的复健

1. 前交叉韧带损伤的原因

前交叉韧带也叫前十字韧带，是一条白色的、光滑的显微组织，其长度约3厘米。前交叉韧带连接着人的大腿骨和小腿骨，具有一定的韧性，在人们屈膝、半蹲、跑步、弹跳等动作中起到重要的作用。

在一些体育运动过程中，容易发生前交叉韧带损伤，比如运动员在高速奔跑中突然停止、膝关节紧急扭转或重度压迫膝关节，都可能造成前交叉韧带损伤。在跑步需要停止时，不可急停，而应逐渐放慢跑步速度直至停止；为避免前交叉韧带的损伤，在跑步过程中也不可突然转弯。

一旦前交叉韧带发生了损伤，膝关节会出现剧烈疼痛，甚至有些水肿。另外，由于前交叉韧带有着稳定身体的作用，如果出现了损伤，也会影响走路稳定。

很多人在运动中出现膝关节疼痛，以为是骨折了，而拍片子显示没有骨折，往往会误以为伤情没有什么大碍，因此延误了治疗。殊不知，很可能是因为韧带损伤引起膝关节疼痛。所以，如果出现了膝关节疼痛，应怀疑膝关节损伤，应到医院进行核磁共振检查确诊。

韧带本身没有自我修复能力，如果前交叉韧带发生损伤，最好通过手术进行治疗。为避免术后下肢因长期减少活动而出现肌肉萎缩，在术前，应针对性地进行下肢肌力训练。

2. 前交叉韧带损伤的复健

在完成前交叉韧带手术后的第一周，膝盖不可承受重力，屈膝也最好不要超过90°，在需要下地行走以及睡觉时，需要佩戴专用的支具对膝盖进行固定和支撑。此时，可以在不引发疼痛的前提下，慢慢屈伸踝关节，也可以用双手缓缓推动膝盖两侧的髌骨，使髌骨上下左右运动，从而对前交叉韧带进行拉伸和锻炼。躺在床上时，可以慢慢将腿抬高10～15厘米，然后慢慢放下，如此反复练习。

当完成手术后2～3周时，在重复之前的动作基础上，可以慢慢加大动作的幅度，并且加上一些屈膝、伸膝的动作。如果感觉不到明显的疼痛，还可以调节支具的屈膝角度，站立时可以把腿抬高，或把腿伸直勾脚尖，进行拉伸韧带的复健练习。

一般过了四周之后，前交叉韧带损伤会基本痊愈，这时，就可以慢慢拆掉绷带、扔掉拐杖了，睡觉也可不佩戴支具了。每次完成康复练习之后，最好对膝盖进行冰敷，避免膝盖伤处出现肿胀。

（二）肩袖损伤的复健

1. 肩袖损伤的原因

肩袖是肩关节周围的一组肌腱，包裹着肩关节的前方、上方及后方。由于这些肌腱恰好位于短袖袖子的位置，因而得名“肩袖”。

在羽毛球、自由泳等体育运动过程中，由于肩部剧烈、大幅度活动，肩部肌腱往往容易受损，导致肩袖损伤。

肩袖受到损伤后，最常表现为肩关节外展受限、抬不起来，有时可感觉到肩关节像被卡住一样。

2. 肩袖损伤的复健

肩袖损伤经过治疗后，必须重视术后的康复。在日常生活中，肩袖连着手，不可避免会活动，但应注意动作幅度不能太大。在术后3周内，应尽量避免频繁使用患肢，也不要突然让患肢活动。除了进行康复训练外，其他时间患肢都应该佩戴悬吊带，使患肢肩部处于被支撑、保护的状态。

这个时期，可以在家中进行一些简单的康复训练。比如，先在腋下垫一个枕头，使肩部处于被动抬起的状态。也可以用健康的手托住受伤的手臂，慢慢地向左向右转动肩膀。应尽量采取平躺姿势睡觉，或者侧躺，如果受伤的是右侧肩膀，那么就向左侧躺；如果受伤的是左侧肩膀，则只能向右侧躺。

在术后3周之后，感觉损伤部位已无大碍了，就可以进行系统的康复训练了。不过，康复训练不能操之过急，要遵循循序渐进的原则，在训练一段时间后，在肌群可承受的前提下，再逐渐提高运动量，尽早恢复肌群功能、改善患肢力量。

下篇

常见体育运动项目介绍

第四章　田径运动

第一节　田径运动简介

一、田径运动发展简史

田径运动（Athletics）简称田径（Track and field），是田赛、径赛和全能比赛的统称，是历史最悠久、最重要的体育运动竞技性项目之一。田径运动从人类生活技能中发展而来，包括竞走、赛跑、跳跃、投掷以及由走、跑、跳跃、投掷的部分项目组成的全能运动等40多个项目。

以高度或远度计算成绩的跳跃和投掷项目称为田赛；以时间计算成绩的竞走和跑的项目称为径赛；以各单项成绩按《田径运动评分表》换算分数计算成绩的项目称为全能比赛。

田径运动是一项源自远古时期的古老的体育运动。远古时期，人类先民为了生存繁衍，必须和大自然搏斗，必须捕猎飞禽走兽作为食物，练就了快速奔跑、敏捷跳跃和准确投掷等本领。由于古老文明发展极其缓慢，在数万年间，人类一代又一代人不得不反复重复这些博取生存的动作，便逐渐获得了走、跑、跳、投等各种运动技能。后来，为了进一步提高同大自然作斗争的能力，人类又有意识地练习走、跑、跳、投等技能，慢慢就形成了这些体育运动的比赛形式。

据记载，人类历史上最早的田径比赛，于公元前776年在古希腊奥林匹克村举行，此后，田径比赛成为体育运动正式的比赛项目之一。从公元648

年起，奥运会的比赛项目中，增加了跳跃、投标枪、掷铁饼等田径类运动。

1894年，在法国巴黎成立了现代奥运会组织——国际奥林匹克委员会。国际奥委会确定了田径比赛为第1届奥运会的比赛项目。1896年，第1届现代奥林匹克运动会在希腊雅典举行，田径类的走、跑、跳跃、投掷等12个项目被列为运动会的主要比赛项目，其他类项目有31个。田径比赛项目有100米、400米、800米、1500米、马拉松、110米栏、跳高、撑竿跳高、跳远、三级跳远、铅球和铁饼。第1届奥运会的成功举办，标志着现代田径运动体系的正式建立。

原始的田径比赛并不具备标准的田径场，古人是在野外一块平整的空地上举行跳跃和投掷比赛；而一些赛跑的项目，都选在一段平坦的道路上举行。这就是“田”和“径”的命名由来。

“田”的意思是广阔的原野或空地，田赛运动是指在一定区域内进行的各种跳跃和投掷项目比赛。“径”实际就是道路，当时的径赛运动是在田径场的跑道上或规定的道路上进行的赛跑和竞走。

1912年7月17日，在瑞典首都斯德哥尔摩成立了田径运动的国际性最高组织机构——国际田径联合会。国际田径联合会确定了田径运动的比赛项目，拟定了比赛规则，并担负起组织国际比赛、审批世界纪录以及促进国际交流等责任。

从1896年举行的第1届奥运会到1924年举行的第8届奥运会，田径比赛仅限于男子运动员参加。在1928年阿姆斯特丹第9届奥运会上，第一次出现了女子田径运动员的身影，她们参加了100米、800米、4×100米接力、跳高和铁饼共5项比赛项目。

中国田径运动的最高组织机构为中国田径协会，1954年成立于北京。

二、田径运动的重要地位

田径运动具有鲜明的参与性、竞争性、严谨性和全面性等特点，能全面发展参与者的力量、速度、弹跳、耐力、柔韧、灵敏等各项身体素质，而这些身体素质条件，是其他运动项目的体能基础和基本运动技术，因此，许多体育运动项目往往把田径运动作为提高运动员身体素质的训练手段。同时，田径运动也是学校体育课程的重要内容。

现今，田径运动已被视作各项运动的基础，已发展成为世界上最普及的体育运动之一，被称为“运动之母”，它与游泳、射击并称为奥运会三大项目。

走、跑、跳跃、投掷原本是人类最基本的生存技能，逐渐发展成为田径项目最基本的运动形式。田径项目堪称奥运会“第一金牌大户”，共设47个小项，也是其他大型运动会的支柱项目，它最能体现奥林匹克运动“更快、更高、更强”的精神追求。

在国际军体各项赛事中，田径是最早举办世界锦标赛的项目，在第一届至第六届军运会中，田径运动的设项最多。此外，田径运动在军事五项等全能项目中也都占有一席之地。因此，在体育界流传有“得田径者得天下”的说法，以此形容田径在各类大型综合性体育赛事中的重要地位。

非田径运动员经常进行田径运动练习，能够全面提高身体素质，能够促进机体的新陈代谢，提高神经等系统的功能，使内脏器官的机能得到改善与提高。同时，还能培养勇敢顽强、吃苦耐劳、不畏困难、勇于拼搏等优良品质。

三、田径运动的主要赛事

目前，田径运动主要国际性比赛有以下几项。

（一）奥林匹克运动会田径比赛

1896年举办第1届奥林匹克运动会时，田径运动就是主要比赛项目之一。从1928年的第9届奥运会起，增加了女子田径项目。到2023年，奥运会田径赛项目已达到48项。田径运动是奥运会设置金牌最多的项目。

（二）世界田径锦标赛

国际田径联合会于1983年创办的国际性田径赛事，最初定为四年一届，1991年起改为两年一届。

（三）国际田联钻石联赛

2010年，国际田联推出的一项全球性田径系列赛，简称钻石联赛。这项赛事要求参赛者是每个项目年度排名前20名的选手，因此，涵盖了世界所有时期的田径运动的世界纪录保持者。

第二节　田径运动的分类与常见项目

一、田径运动的分类

（一）径赛类

以用时的长短计算输赢成绩的行走、奔跑项目称为径赛，包括短距离跑、中长距离跑、障碍赛、接力跑、竞走等项目类别。

1. 短距离跑

短距离跑是田径赛项目的一类，分为100米短跑、200米短跑以及400米短跑等项目，是速度最快的田径项目之一。

2. 中长距离跑

中长距离跑是中距离跑和长距离跑的合称。其中，男子800米、1500米、3000米、5000米和女子800米、1500米属于中长跑项目，需要运动员在一定距离内保持较高的速度和耐力。长距离跑还包括10000米、马拉松和超级马拉松等项目，对运动员的耐力和持久力提出了更高的要求。长时间的连续的肌肉活动，会对人体新陈代谢产生不良影响。所以，在训练强度和运动量方面，运动员应遵循循序渐进的原则。

3. 障碍赛

障碍赛包括跨栏跑和障碍跑。跨栏跑有男子组110米栏、400米栏和女子组100米栏、400米栏两项。障碍跑是一种兼有田径和越野跑特点的竞赛项目，包括400米障碍和3000米障碍等项目，全程设置8～15个障碍。障碍包括水池、障碍架、浅丘、悬索、陡坡等，架高约4米，栏间距离不等。这类比赛不仅要求运动员具有高速度奔跑的能力和出色的平衡能力，而且要求运动员能准确地跨过水池、障碍架等障碍物。

4. 接力跑

其主要有4×100米接力和4×400米接力两项。

5. 竞走

包括男子组20公里竞走、50公里竞走两项和女子组5公里、10公里两项。

（二）田赛类

比赛的时候以高度或远度（长度）计算成绩的跳跃类、投掷类项目称为田赛，计量工具为尺或测距仪。成绩计量的单位是厘米。

田赛项目可分为投掷类及跳跃类。

1. 跳跃类

包括跳高、撑竿跳高、跳远、三级跳远等项目。

（1）跳高

运动员通过技巧和力量将身体尽可能高地跃过横杆，以确定跳高的成绩。

（2）跳远

跳远又称急行跳远，运动员通过助跑和跳跃的动作尽可能远地跳出水平线，以确定跳远的成绩。起跳包括平躺直腿起跳式、直角轮流起跳式和助跑式等。跳远腾起初速度取决于助跑速度、起跳角度、起跳瞬间身体重心向前移动的水平距离、腾空初速度和腾空角度等因素。

（3）三级跳远

运动员通过一系列连续的跳跃，包括助跑、跳远和再次跳远，以确定三级跳远的成绩。

2. 投掷类

其包括铅球、标枪、铁饼、链球等项目。

（1）铅球

运动员将一定重量的金属球从肩上用手臂投掷出去，通过力量和技巧来确定投掷距离。男子铅球重量为7.26 千克，女子铅球重量为4千克。目前，铅球运动的世界最好成绩男子是23.37米，女子是22.63米。

（2）标枪

标枪是一种带镞的短投掷梭镖，又称“投枪”“投矛”“短矛”等。标枪技术分为准备阶段、引枪阶段、超越阶段、最后用力阶段和投掷后的维持平衡阶段。投标比赛投出的标枪要符合规则要求，枪支的长度、重量、重心、枪尖的形状都有严格的规定。

（3）铁饼

铁饼类似铅球，但重量要轻些，形状也有所不同，运动员需要运用力量将其旋转后投掷出去。运动员要靠突然改变双手对铁饼的控制位置完成饼的旋转，其技巧需要长期专业的训练，否则，容易造成运动员受伤。

（4）链球

链球是一种田径运动中的投掷项目，运动员通过双手握着链球的把手，利于旋转和加力将球掷出。

（三）全能赛类

全能项目是部分田赛和径赛组合的统称，包括男子十项全能、女子七项全能等。全能赛将各个单项比赛的成绩按国际田联制定的《田径运动评分表》换算分数后计算成绩，以累加总分计算名次，总分高者列前。

1. 男子十项全能

第一天：100米跑、跳远、推铅球、跳高、400米跑；

第二天：110米跨栏跑、掷铁饼、撑竿跳高、投标枪、1500米跑。

2. 女子七项全能

第一天：100米跨栏跑、跳高、推铅球、200米跑；

第二天：跳远、投标枪、800米跑。

全能赛运动员必须参加全能赛的所有项目的比赛，如某个项目弃权，就不能参加后续项目的比赛，也不计算总分，但如果某个项目因成绩太低或失败，没有得分，仍可计算总分。

二、田径运动的常见项目基本技术

（一）短跑

短跑是一项典型的发展速度素质的运动项目。经常练习短跑，能够有效地提高锻炼者快速奔跑的能力，增强体质，并能培养坚毅、顽强和勇往直前的精神。

短跑比赛的规则要求，比赛服应为轻便的短跑运动服，鞋子一般为钉子鞋，头发应当蓬松。短跑运动员可选择不佩戴眼镜，但个别赛事要求运动员佩戴眼镜时，应佩戴透明眼镜。

依照全程跑技术的特点，短跑技术可分为起跑、起跑后的加速跑、途中跑以及终点跑四个阶段。途中跑的段落最长，是对成绩影响最大的部分。

1. 起跑

《田径竞赛规则》规定，400米及以下的短跑起跑，必须采用蹲踞式起跑，并使用起跑器。这是为了使运动员获得最大的向前冲力，迅速摆脱静止状态，为后面途中跑的加速创造条件。

常采用的起跑器安装方法有：拉长式、接近式、普通式三种。前起跑器抵足板与地面的夹角约为45°，后起跑器约为70°～80°，两个起跑器之间宽约15厘米。

这三种起跑器的安装方法各有优点，运动员可根据个人的身高、体形、训练水平和技术水平等特点来选择适合个人的安装方法，以使身体感到舒适和放松，在蹬离起跑器时，能充分发挥腿部肌肉的最大力量。

起跑过程包括“各就各位”“预备”“鸣枪”（或“跑”）三项

命令。

（1）“各就各位”

参赛运动员听到“各就各位”口令后，宜做几次深呼吸，然后轻快地跑到起跑器前，俯下身，两手支撑地面，两手距离与肩同宽或稍宽，两脚前掌依次踏在前、后起跑器的抵足板上，将相对更得力的腿放在前面，后膝着地。然后两手收回，大拇指与其余四指呈“八”字形，拇指相对，虎口向前，手臂伸直。重心前移，肩与起跑线齐平或稍后，颈部自然放松，两眼看前下方，保持专注，等待裁判员喊“预备”口令。

（2）“预备”

听到“预备”口令后，吸一口气，然后慢慢抬起臀部，使之与肩平或稍高于肩，同时身体重心前移，两脚压紧抵足板，整个人体像压紧的“弹簧”，眼看前方1～3米处，保持专注，静候枪声。

（3）“鸣枪”（或“跑”）

听到枪声或“跑”的口令时，两手迅速离开地面，屈肘做快速、有力、大幅度地前后摆动。两腿猛蹬起跑器，后腿蹬离起跑器后，用力向前、向上摆动，上体前倾，两臂大幅度向前、向上摆，用力把身体推向前方。

2. 起跑后的加速跑

起跑后加速跑，是充分利用起跑时向前的冲力，在最短时间内获得最大的速度。前脚蹬离起跑器起跑后，迅速转入加速跑阶段，身体保持前倾，摆动腿迅速向前摆出，支撑腿积极蹬伸，前脚掌积极着地、蹬地，两臂用力前后大幅度、高频率地摆动。

起跑后的第一步不宜过大，然后两脚沿着两条相距不宽的直线着地前进，随着跑速的加快，两脚着地点应逐渐合拢到一条直线两侧。随着步幅的增加，上体逐渐抬起，速度逐渐加快。加速跑的距离一般为25～30米，当达到最高速度，转入途中跑。

3. 途中跑

继续保持高速跑动，头和上体正直，两臂屈肘轻松自然摆动，支撑腿在摆动腿积极前摆的配合下，快速有力地后蹬。蹬地的协调配合，上下肢动作的协调配合，是途中跑技术的关键。小腿随着蹬地后的惯性和大腿摆动，形成大小腿边折叠边前摆，保持重心高且平稳，步幅稍小、轻松、放松。用鼻和半张的口进行呼吸，一般三步一呼、三步一吸，形成自己的呼吸节奏。

4. 终点跑

终点跑是全程跑的最后一段，咬紧牙关坚持途中跑的速度，进行最后的冲刺，快到终点线时，上体尽力保持前倾角度，两臂摆动的力量、速度和幅度尽力加快，在跑到离终点线1～2步时，上体尽力向前倾倒，以便身体的胸部或肩部去撞终点线，或者接触终点线垂直面，力争取得较好的成绩和名次。当跑过终点线后，应逐渐减速。

5. 弯道起跑和弯道跑技术

（1）弯道起跑和加速跑

短跑中的200米、400米跑，起跑于弯道，而且有一半的距离是在弯道上跑。起跑器会安装在跑道的右侧外沿正对弯道切点方向的地方，以获得一段直线距离进行加速。

当喊起“各就各位”命令时，左手撑在起跑线后5～10厘米处，身体正对切点。起跑后，应沿着切线跑进，跑至切点前，身体逐渐向左倾斜，快速进入弯道跑；加速跑时，要沿着切线跑进。

（2）弯道跑途中跑

进入弯道途中跑时，为了克服惯性离心力而获得向心力，身体向内倾斜，身体倾斜度与跑速成正比，也取决于弯道的半径大小。右臂摆动幅度应大于左臂，右肩稍高于左肩，右肘稍向外。右脚前脚掌内侧着地，左脚用外侧着地，整个身体保持向左倾斜。弯道上不宜用全速，用约95%的速度即可。在弯道的最后几米，身体应逐渐减小内倾程度，顺惯性跑2～3步，然后全速跑完剩余阶段。

（二）中长跑

中长跑是中距离跑和长距离跑的简称，一般包括800～10000米跑项目，是需要速度和耐久力的综合性田径项目。中长跑需要长时间连续肌肉协调工作，应保持轻松协调，步幅开阔，直线性好，节奏性强。

目前，奥运会设置的田径项目中，800米和1500米属于中距离跑，5000米和10000米属于长距离跑，而马拉松跑距离为42.195公里。

中长跑的项目较多，跑的距离长短和程度不同，但跑的技术大同小异。

1. 起跑和起跑后的加速跑

中长跑大多数采用站立式起跑，800米比赛中也有采用半蹲踞式起跑的。中长跑起跑按一个口令、一个信号进行，运动员站在3米集合线处听候起跑口令。

（1）“各就各位”

运动员听到“各就各位”口令后，走到起跑线处，两脚前后开立，将有力的腿放在前面，前脚脚尖紧靠起跑线，脚掌着地，后脚尖离前脚跟距离一脚左右，两腿弯曲，上体前倾，身体重心落在前脚上，眼看前面4～5米处，保持稳定姿势，集中注意力听枪声。

（2）“鸣枪”（或“跑”）

运动员听到枪声或“跑”口令时，如果是站立式起跑，两腿用力蹬地，紧接着后腿以膝领先向前摆出，两臂屈肘快速前后摆动，使身体迅速向前冲出，上体保持较大的前倾，脚蹬和手摆仍应积极有力，逐步加大步伐并进行加速跑，尽快占据队伍中的有利位置，在短时间内达到预定的速度，随即转入途中跑。

如果是半蹲踞式起跑，前腿异侧手臂拇指与其余四指呈“八”字形，放置于起跑线后，身体重心落在前腿和支撑臂上，其他动作同站立式起跑。

2. 途中跑

上体挺直进入途中跑，两脚前掌着地跑，也可用全脚掌着地，速度均匀且有节奏感。出于战术需要，在途中也可变换跑速。

中长跑的后蹬力量比短跑小，后蹬角度比短跑大；摆臂的动作幅度也小于短跑，大小臂弯曲角度较小，肩关节应放松。脚着地时，要求柔和而有弹性，两脚沿平行线跑，正直向前。

3. 冲刺跑

中长跑临近终点前的一段距离，进行加速冲刺跑。至于加速冲刺的节点，应根据训练水平、战术要求、个人体力、比赛距离来综合判断。中长跑冲刺跑的动作要求，和短跑终点冲刺大体相同，宗旨都是运用全部力量，在最后阶段跑出理想的成绩。

4. 中长跑的呼吸

中长跑项目因为距离较长，体力消耗较大，机体对氧气的需求量不断增加。掌握正确的呼吸方法，不仅对改善气体交换和血液循环具有重要意义，还可有助于提高运动成绩。

中长跑时，根据跑步的频率，用鼻和半张的口，进行有节奏的呼吸，一般是三步一呼、三步一吸；随着疲劳的出现，呼吸频率应随之增快，可改为二步一呼、二步一吸；在最后冲刺阶段，可采用一步一呼、一步一吸。

5. 中长跑的“极点”现象

在中长跑过程的某一时段，运动员一般会出现肌肉酸痛、全身无力、动作缓慢，甚至胸闷、呼吸困难等难受的感觉，这就是“极点”现象。其原因在于机体供氧不足，内脏器官的活动不能适应机体活动的需要。

当极点出现后，应加深呼吸的深度，适当调整跑速，放慢速度。不久，“极点”现象会自然消失。

6. 中长跑比赛的战术

为在中长跑项目中取得较好的成绩，应根据对手的情况与自己的特长，在比赛时采用适宜的跑法战术。常用的战术有以下几种。

（1）匀速跑。按照自己预定速度跑完每圈或每段距离，匀速跑完全程。

（2）变速跑。在匀速跑了一段距离后突然加速跑，或者加速跑了一段距离后改为匀速跑，有规律地交替进行。

（3）跟随跑。紧跟某个跑在自己前面的特定的对手，最后在冲刺阶段，突然加速冲刺跑，以最终战胜对手。对于那些冲刺能力较强而自我控制跑速能力较差的运动员而言，跟随跑是一种巧妙取胜的战术。但应注意，这个战术的重点不在于跟，而在于最后的冲刺超越。

（4）领先跑。从起跑后就开始冲到领先位置，全程中全力奔跑，始终处于领先，并保持到最后加速冲刺。那些专项耐力较好，而速度和冲刺能力较差的运动员适合采取这种方法。

（5）领先跑和跟随跑交替进行。即在中长跑过程中，时而处于领先位置，时而采取跟随某个特定运动员。需要注意的是，采用这种战术时，当对手加速时，可采取跟随跑；当前面对手放慢速度时，又加速超越。超越对手应在直道上进行，逆风时不宜领先，也不宜以全力强行领先。

（三）接力跑

接力跑是田径比赛的集体性项目。接力跑的成绩，不仅依赖于每个队员的单项跑的成绩，而且在很大程度上取决于队员之间的配合是否默契，以及传、接棒技术的好坏。

接力跑的项目种类，主要包括男组、女组4×100米和4×400米接力跑。此外，在日常的教学训练中，还开展4×200米接力跑、迎面接力跑、越野接力跑，以及男女混合、异程接力跑等多样化的接力跑。

1. 起跑

（1）第一棒起跑方法

第一棒队员大多采用蹲踞式起跑，起跑技术与弯道起跑基本相同。第一棒队员用右手的大拇指和食指分成“八”字形支撑在起跑线，用中指、无名指和小指握住接力棒的末端，注意接力棒不得触及起跑线和起跑线前的地面。

（2）接棒人的起跑

第二、第三、第四棒队员站在接力区后端或选定的起跑位置上，采用站立式或一手撑地的半蹲踞式起跑姿势，两脚前后开立，两膝弯曲，上体前倾。其中，第二、第四棒队员站在跑道外侧，左腿放在前面，右手撑地，身体重心稍向右偏，头转向左后方，密切观察跑来的第一棒或第三棒队员和起跑标记，当传棒队员跑到起跑标记线时，应立即接棒并迅速起跑。

第三棒队员站在跑道内侧，右腿在前，左手撑地，身体重心稍向左偏，头转向右后方，密切观察跑来的第二棒队员和起跑标记。

2. 传接棒技术

（1）上挑式接棒

接棒队员手臂自然伸向后下方，掌心向后，拇指与四指分开，并靠近体侧；传棒队员将棒由下向前上方“挑”到接棒队员手中。

这种技术方法的优点是接棒队员的手臂自然后伸，容易掌握；缺点是接棒队员接棒时握住的是接力棒的中部，不利于传给下一棒队员，容易掉棒。

（2）下压式接棒

接棒队员手臂向后下方伸直，手腕内旋，掌心向上，拇指与四指自然张开；传棒队员将棒的前端由上向前下方“压”到接棒队员手中。

这种技术方法的优点是接棒不需换手仍能握在棒的末端，有利于传给下一棒队员；缺点是接棒队员手臂和手腕因为扭转而肌肉紧张，容易失误。

3. 标志线的确定和传接棒的时机

（1）确定标志线

根据传接棒队员各自的速度、传接棒的技术熟练程度，以及接棒队员的反应快慢，来确定起跑标志线的位置。

（2）传接棒的时机

接棒队员站在接力区后端或预跑线内，在传棒队员距自己40 ~ 50米时，采取站立式或半蹲踞式起跑方式，做好接棒准备。当传棒队员跑到标志线时，接棒队员立即向前跑出；当传棒队员相距接棒队员1.5 ~ 2米时，发出接棒信号，接棒队员应立刻向后伸手，采用事先商量好的传接棒技术，传棒队员迅速而准确地把棒传到接棒队员手中。

（四）跨栏跑

跨栏跑是在快速奔跑中，连续跨过规定数量、有一定高度的栏架的径赛项目。跨栏跑的技术比较复杂，锻炼价值较高，能够练习增强速度、弹跳、柔韧、协调、灵敏、力量和速度耐力等身体素质。

下面以110米跨栏跑为例，说明跨栏跑的基本技术。

1. 起跑及起跑至第一栏的技术

起跑器的安装方法和起跑技术与短跑基本相同，起跑时，把起跨腿放在前起跑器上（个子高腿长的队员把摆动腿放在前起跑器上）。在起跑后的加速跑阶段，身体前倾角度应小于短跑。起跑线跟第一栏距离13.72米，一般按八步分配步伐（个子高腿长的队员可以跑七步），起跑后的头几步应格外注意步点。

2. 起跨（攻栏）的技术

起跨是指起跨腿踏上起跨点开始至蹬离地面这一段。跨栏点距栏架距离通常为2.1米左右。起跨前一步，将步伐调整为一个快速短步，以使身体重心快速前移，摆动腿着地后，起跨腿应积极前摆，用前脚掌着地。随着身体重心前移，准确地踏上起跨点，随即摆动腿用力向前上方摆动，小腿随惯性与大腿形成自然折叠，用以加大前摆的速度。然后，起跨腿用力蹬地，髋、膝、踝关节依次伸直与上体形成一直线，起跨腿同侧手臂有力地向前摆动，成功完成第一次起跨（攻栏）。

3. 栏间跑技术

运用短跑技术，三步跑完每一段栏间距离。每一段栏间的距离是相同的，所以，栏间跑可以采取相同的节奏。

跨栏后，借助后蹬的动力、髋关节的用力、身体重心前移，以及起跨腿大腿积极向前提拉，完成第一步栏间跑。可以适度增大第一步的步长，以减小身体重心的起伏，从而使栏间跑更加轻松。第二步应和短跑技术一样。为了做好下一次攻栏准备，第三步步长应略小于第二步。在栏间跑中，均应前脚掌着地，保持身体高重心，加快频率。

4. 终点跑技术

当跨过倒数第二栏之后，应以最大速度跑向最后一个栏，并用力跨过栏架。从最后一个栏下栏后，以最高速度冲向终点。

（五）跳高

跳高是田径运动跳跃项目之一，以单足起跳越过一定高度横杆。跳高技术是由有节奏的助跑、单脚起跳、腾空过杆和落地等动作组成，以最后成功地越过横杆上缘的高度计算成绩并排出名次。

跳高项目分背越式跳高和俯卧式跳高两种。

1. 背越式跳高

进行背越式跳高时，采用弧线助跑，远离横杆的腿起跳，摆动腿屈摆内旋，背对横杆最大限度地利用腾起高度做过杆动作。这是田径运动中被广泛采用的最优过杆方式。

（1）助跑技术

助跑的距离一般是6 ~ 8步，前段是直线助跑，后段采用弧形助跑；在后段跑时，身体向圆心倾斜，倾斜度随速度而定。

（2）起跳技术

起跳点选择在离近侧跳高架1米处，离横杆投影点50 ~ 80厘米处。起跳脚顺弧线的切线方向踏上起跳点，先用脚跟落地，然后迅速滚动到前脚掌着地。同时，摆动腿蹬离地面开始摆腿，重心迅速跟上。当身体重心移到支撑点上方时，身体由倾斜迅速转为正直，摆动腿和两臂快速有力地向上摆动，同时起跳腿用力蹬伸，身体背对横杆腾空而起，头部越过横杆后，髋部接着挺起，身体形成一个反弓形，双脚迅速上提，整个身体一次越过横杆，以肩背落垫，注意增加滚翻动作，以缓冲坠落的力量。

2. 俯卧式跳高

（1）助跑技术

从起跳腿靠近横杆的一侧开始助跑，与横杆呈25° ~ 45° ，助跑的前段应快速而放松，动作幅度逐渐加大，摆动腿屈膝前摆，支撑腿用力后蹬，

34°~

上体前倾，两臂配合腿的动作前后摆动；助跑后段降低身体重心，加大动作幅度，上体稍前倾，脚掌做滚动式着地，注意踏好步点。

（2）起跳技术

助跑的最后一步，摆动腿屈膝支撑，然后开始起跳。起跳腿屈膝向前以髋带动大腿向前迈伸，然后伸小腿，脚跟沿地面向前迈出，落地时注意伸直膝关节。起跳腿以脚后跟先着地，而后迅速滚动至全脚支撑，摆动腿以髋带动大腿迅速向前摆出，肩落在支撑点的后面。

（六）跳远

田径运动的跳远运动，包括跳远和三级跳远两项，都属于爆发性用力的灵巧项目，技术结构都包括助跑、起跳、腾空和落地几项。

1. 跳远

（1）助跑技术

助跑是为了获得最快的水平速度和准确地踏上起跳板，为起跳做好准备。助跑的距离为25～45米，根据参赛人的腿长条件确定步点数。

可采用“站立式”“半蹲式”“走步式”三种方式开始助跑，然后逐渐加速。平时应通过反复练习，测定从起跳板、起跑点到起跳板之间的助跑步点；还要确定起跑点和最后离起跳板6～8步的起跳脚着地标记。

（2）起跳

起跳技术是跳远运动的最关键部分，应在尽量保持水平速度下获得最大的垂直速度，以确保最快的腾空初速度和合理的腾起角度。

助跑最后一步，起跳脚快速积极下落下压跳板，以全脚掌支撑踏板；膝踝关节及时弯曲，同时迅速前移身体；当身体重心移至起跳腿支撑点上方时，起跳腿快速用力蹬伸，髋、膝、踝关节充分伸直，摆动腿积极前摆，两臂配合上摆，当双臂肘关节摆至肩部，应急停。

（3）腾空

蹲踞式。单脚起跳腾空后，上体仍保持正直，摆动腿的大腿继续向上摆动，两臂向前挥摆，起跳腿开始提举，两腿上收，上体前倾，逐渐形成蹲踞式，然后小腿前伸落地。

挺身式。单腿起跳腾空后，摆动腿膝关节伸展，起跳腿逐渐与摆动腿靠拢，挺胸展腹，在空中形成挺身式，上体前倾，双手合拢，前伸小腿落地。

走步式。起跳成腾空步后，以髋为轴开始下放摆动腿，起跳腿同时屈膝高抬，髋部随着两腿交换而扭转，肩轴向反方向转动，带动两臂做相应的环摆动作，完成两步半的走步动作落地。走步式借助助跑的速度和快速有力的起跳惯性，有利于维持身体平衡和完成落地动作。

（4）落地

落地前，膝关节伸直，脚尖勾起，两臂同时后摆。当双脚落到沙面，两腿迅速屈膝，两臂屈肘时前摆，或前倒落地或侧倒落地，注意技术要领，避免受伤。

2. 三级跳远

三级跳远是在助跑后沿直线连续进行三次跳跃的一项田径运动。

拆开三级跳远来看，其第一跳由起跳腿起跳，并用起跳腿落地，称为“单足跳”；第二跳仍用起跳腿跳，但用摆动腿落地，称为“跨步跳”；第三跳用摆动腿起跳，然后双腿落入沙坑，称为“跳跃”。

三级跳远如果要取得好成绩，要求运动员要有快速的助跑水平速度、良好的弹跳力，以及强有力的腿部力量带动高质量的每一跳动作，外加很好的身体平衡能力和合理的三跳比例等。

三级跳远的关键技术在于，尽量减少三级跳远过程中水平速度的损失，并获得合理的垂直速度。

（1）助跑技术

三级跳远的助跑距离一般为38～40米，相应步数为18～20步。

三级跳远的助跑技术与跳远助跑技术有所区别，具体表现为：

① 最后几步助跑步长更加均匀；

② 身体的前倾度比跳远要大一些；

③ 起跳脚踏板的瞬间落地点较靠近身体重心投影点。

（2）第一跳技术

三级跳远的第一跳以有力腿为起跳腿，起跳后在空中经过交换腿的动作，再以有力腿落地。

为有利于第二跳和第三跳，在进行第一跳时，当起跳腿以直腿踩上起跳板，脚的落点要比跳远更加接近身体重心投影点，随即以全脚掌迅速滚动着地，以尽量保持水平速度。摆动腿大小腿折叠，快速屈腿前摆，带动髋部迅速前移，然后积极而快速地蹬直髋、膝、踝各关节。两臂同时有力地配合上述动作向前摆出，以维持身体平衡和增加起跳力量。

当起跳腿前摆与地面接近平行时，后摆的两臂和在身体后下方的摆动腿也达到了最大的幅度，借助反弹作用，起跳腿大腿带动髋部积极下压并用全脚掌加速着地，落地点尽量接近身体重心投影点。

（3）第二跳技术

第二跳起跳后，仍然形成腾空步的姿势，并尽量加长腾空步的时间。在起跳腿落地之前，顺势高抬大腿，起跳腿弯曲，上体有意识地向前微倾，同时，两臂由体前呈弧形向下、后侧的方向摆动，直至摆到身体的侧后方。然后摆动腿下压，前倾着的上体也逐渐稳定抬起，直至全脚掌着地，准备第三次起跳动作。

（4）第三跳技术

第一跳和第二跳之后，水平速度会大大下降，应充分利用剩余的水平速度，尽量增大向上起跳力量，为第三跳获得较大的腾空速度。第一跳起跳腿屈膝向前上方摆起，同时，两臂配合上摆，仍保持腾空步的姿势、腾空步中动作和跳远一样，可采用蹲踞式、挺身式或走步式落入沙坑。

第三节 田径运动的规则与赏析

田径运动项目多达40余项，各有其独特的规则和技巧。只有了解了这些项目丰富的规则和各自的特点，才可以更好地欣赏田径比赛，真正体验到运动员的实力、毅力、训练的艰辛、拼搏的勇气，以及展现的人体运动之美。

一、田径比赛的基本赛制

（一）田径比赛通则

（1）在检录处进行运动员的检录。

（2）运动员提前10～15分钟进入比赛场地。在裁判员的监督下，运动员可以在比赛场地练习试跳或试掷。

（3）运动员可以使用标志物，但不能污染跑道和有碍视线。

（4）预赛按编排的顺序进行。决赛前两次，按运动员预赛的最好有效成绩的倒序进行；决赛最后一次，则按前五次所取得的最好成绩的倒序进行。

（5）在远度项目中，如果参赛总人数在8人或以下，则每位参赛者应给予6次试跳（掷）的机会；如果参赛总人数超过8人（跳高除外），每人应有3次试跳（掷）机会，试跳（掷）成绩最好的前8名可再获得3次试跳（掷）的机会；如果有多名参赛者成绩都跟第8名相同，那么这些参赛者都可再获3次试跳（掷）的机会。在高度项目中，每个高度每个参赛者有3次试跳机会。

（6）田径比赛均以厘米作为最小丈量单位。远度项目每次成功都要丈量；高度项目每递升一个高度，或运动员试跳失败造成跳高架和横杆明显移动，都要进行丈量。

（7）对于同时参加多项田径比赛的运动员，如果比赛时间上有所冲突时，允许在某项比赛中以不同于原来的比赛顺序先进行一次试跳或试掷（跳高除外），回来后错过的轮次则不得补赛。

（8）参加高度项目的运动员可以申请任一高度免跳，除了最后的决名次赛以外，不能在同一高度恢复试跳。

（9）如果参赛运动员无理延误试跳或试掷，便算一次失败，如果再次延误比赛，将取消继续比赛的资格，但该运动员之前的成绩仍被承认。

（10）参赛者每次试跳或试掷的时间不得超过1.5分钟，当跳高比赛只剩下2人或3人时，时限应增至3分钟；如果只剩下1人，时限应增至5分钟。

（11）用举白旗表示比赛成功。

（12）高度项目的特殊记录符号：成功○、失败×、免跳—、请假△。

（二）径赛赛制

1. 赛次

径赛一般分为四个赛次，包括第一轮、第二轮、半决赛和决赛。根据报名参加比赛的人数，决定赛次安排、分组和每一赛次的录取人数。在预赛分组中，应尽可能把成绩好的运动员平均分配到不同的小组中；在其后的各轮比赛中，依据运动员前一轮的比赛成绩分组。应尽量将相同国家或地区的运动员分开。

2. 犯规

（1）参赛运动员必须按时到赛前控制中心检录。凡服装、号码、钉鞋及随身携带的旅行包等物品不符合要求者，不允许入场比赛。凡点名不到者，取消其比赛资格。

（2）在国际赛事中，400米以上的径赛项目，均采取站立式起跑。

（3）所有400米或以下的径赛项目，一律采用蹲踞式起跑及起跑器。发令员口令为“各就各位”（on your marks）、“预备”（set），接着发令枪响。在两道口令之后，所有参赛者应立即完成有关动作，否则属起跑犯规。如果有运动员抢跑，发令员就会宣布起跑犯规。运动员第一次起跑犯规，应给予警告；每项比赛（全能项目除外）只允许一次起跑犯规而运动员不被取消资格，之后每次起跑犯规，该项目的比赛资格均将被取消。

（4）在所有短跑、跨栏和4 ×100米接力赛中，其分道跑或部分分道跑的道次由技术代表抽签决定。参赛者越出跑道，获得实际利益或冲撞、阻碍其他参赛者，会被取消资格。如果参赛者被推或挤出指定的跑道，只要未获得实际利益也未影响他人，可不取消其参赛资格。参赛者在直道中越出其跑道或在弯道中越出其跑道的外侧，只要没有获得实际利益及妨碍他人，均不算犯规。800米和4 ×400米接力赛，运动员在自己的跑道起跑，当通过抢道标志线后才能离开自己的跑道，切入里道。第二轮开始的各轮比赛，依据运动员在上一轮的成绩选择跑道。

（5）接力赛中，运动员必须在20米的接力区内完成交接棒。根据接力棒的位置，而不是根据参赛者的身体或四肢的位置，来判定是否符合“接力区内”。接力棒必须拿在手上，直到比赛结束为止。任何运动员掉了棒，必须由其本人拾回，如果要越出自己的跑道去拾回接力棒，则不得影响其他选手。

（6）在4×400m接力跑中，接棒者可以在接力区前10米内起跑。第一棒全程及第二棒的第一弯道是分道跑，第二棒运动员要跑至抢道线后方可自由抢道。第一棒的传接必须在参赛者指定的跑道内进行，裁判员根据第二棒及第三棒运动员通过200米起点处的先后，按次序让其第三棒及第四棒的队友在接力区内，由内至外排列等候接棒。所有接棒者均不可在接力区外起跑。

（7）奥运会公路赛包括男、女20公里竞走、男50公里竞走以及男、女马拉松比赛。运动员由抽签确定排列顺序。任何运动员出现两次抢跑，则会被取消比赛资格。

（8）在竞走比赛中，监督运动员的裁判员不能借助任何设备，只能依靠自己的眼睛来判断运动员是否犯规。裁判员看到竞走运动员的动作有违反竞走技术的迹象时，应予以黄牌警告，并在赛后报告给主裁判。如有运动员的行进方式违反竞走技术的规定，表现出肉眼可见的腾空或膝关节弯曲时，将得一张红卡，任何运动员如果累计得到三张来自不同竞走裁判员的红卡时，主裁判将出示红牌取消其比赛资格。

3. 名次判定

（1）远度项目

赛跑的成绩和名次，取决于参赛者身体躯干（不包括头、颈、臂、腿、手或足）触到终点线时的时间和顺序。在任一赛次中，如遇成绩相同，则终点摄像主裁判应精确比较1／1000秒的成绩，成绩好者进入下一轮；如果成绩依然相同，则均应进入下一轮；如果条件不允许，应抽签决定进入下一赛次的人选。在决赛中，如果第一名成绩相同，裁判长有权决定是否重赛，若不具备重赛条件，则维持并列第一。其他名次如有成绩相同，则无须重赛，作为并列处理。

（2）高度项目

以最后通过的不同高度来排列名次。如果不同运动员高度相等，以成绩相等高度试跳失败次数少者排较前的位置。如依然相等，则以总失败次数少者名次列前；如再次相等，只要不涉及第一名名次，其他每次取并列；如果涉及竞逐第一名，则成绩相同者依原来顺序进行比赛，裁判应给予最低高度一次再试跳机会；如果依然无法分高下，则每次升高或降低2厘米加跳一次，直至分出胜负为止。

（三）田赛赛制

1. 赛次

通常情况下，先把参加田赛项目的运动员分成两组进行及格赛，凡通过及格标准的运动员直接进入决赛。达到及格标准的运动员如果不足12人，其不足人数从及格赛中依照成绩高低择优递补上去。

在远度项目中，用抽签方式来决定决赛前三轮比赛的顺序。决赛前三轮比赛结束后，成绩最好的运动员将排在最后进行；成绩排前8位的运动员进行最后三轮比赛；第四、第五轮比赛顺序，按前三轮比赛决出成绩的倒序排列；第六轮比赛排序，则按前五轮比赛决出成绩的倒序排列。

在远度项目中，运动员每次试跳的成绩均为有效成绩（除犯规外）；在高度项目中，运动员每次跳过的高度均为有效成绩；在投掷项目中，运动员投出的器械完全落在落地区内才算有效，丈量成绩时从距离投掷区最近的落地点算起，其中的标枪项目，只有枪尖先触地，才算有效成绩。

2. 名次判定

判定田赛项目的最终名次，依据运动员最好的一次跳跃或投掷成绩，包括因第一名成绩相同而进行的决赛名次的成绩而定。如果不同的运动员最好的成绩相同，在远度项目中，则比较运动员第二好成绩，以成绩优者列为第一名，以此类推，直到比较最后一个成绩；在高度项目中，则比较出现最好成绩高度的试跳次数，以较少者前为第一名。按照上述方法，如成绩仍然相同，排第一的运动员将继续比赛，直到决出胜负。第一名以下的名次如果出现成绩相同，则计成并列名次。

（四）全能比赛赛制

参加全能比赛的运动员按照顺序进行各个单项比赛，全能比赛所有项目的场地、器材及规则，跟田径运动的单项比赛基本相同，但也有个别差别：

（1）单项赛跑中出现抢跑犯规的运动员立即会被罚下，全能比赛中出现两次犯规才会被罚下；

（2）田径运动单项比赛中，如果是在风速超过 2 米 / 秒时破的纪录，将不予承认，而全能比赛中风速只要不超过 4 米 / 秒，破纪录成绩会被承认；

（3）在跳远和投掷项目中，参赛人数较少时，运动员可以试跳、试投超过 3 次，而全能比赛的运动员只能试跳、试投 3 次；

（4）跳高单项比赛每轮比赛后，横杆升高不得少于 2 厘米，而全能比赛横杆每轮升高 3 厘米；

（5）撑竿跳高单项比赛中，横杆每次至少升高 5 厘米，而全能比赛始终升高10厘米。

全能项目最后一项比赛的分组，应将倒数第二项比赛后积分领先的运动员分在一组；其他项目则由抽签来决定分组。

按照所有项目最后的总积分高低来排名次。总分如果相同，则得分较高的单项数量多者排在前列；如果再相同，则以任何一个单项得分高者为胜；如果再次出现相同，则以第二得分高的单项分数较高者名次列前，以此类推，直到决出胜负或名次。

二、田径比赛的具体法则

（一）跳高

（1）出现下列情况中的任何一种，应判为试跳失败。

① 由于运动员的试跳动作，致使横杆未能留在横杆托上；

② 运动员在越过横杆之前，其身体的任何部位触及横杆后沿垂直面以前的地面或落地区。

（2）运动员必须单脚起跳。

（二）跳远

下列情况中，如果出现任何一种，即应判为试跳失败。

（1）从起跳板两端之外起跳，无论是否超过起跳线的延长线；

（2）运动员在未做起跳的助跑中或在跳跃中，其身体任何部位触及起跳线以前的地面；

（3）在助跑或跳跃中采取任何空翻姿势；

（4）触及起跳线和落地区之间的地面；

（5）落地时触及了落地区以外的地面，而落地区外的触地点较落地区内的最近触地点更靠近起跳线；

（6）运动员离开落地区时，在落地区外的第一触地点较落地区内最近触地点，以及在落地区内因身体失去平衡而留下的任何痕迹更靠近起跳线。

（三）三级跳远

跳远的规则都适用于三级跳远。

（四）投掷项目

（1）在投掷圈内完成铅球或链球的试掷，在助跑道内完成标枪的试掷。

（2）在圈内进行试掷时，必须从静止姿势开始。

（3）下列情况中出现任何一种，即应判为试掷失败。

① 在进入投掷圈内并开始试掷之后，运动员身体的任何部位触及铁圈上沿或圈外地面；

② 铅球或标枪出手姿势不符合规定；

③ 掷标枪时，身体的任何部位触及投掷区标志线或线外地面；

④ 推铅球时，身体的任何部位触及抵趾板上沿。

（4）在试掷过程中，如果运动员没有违反上述各投掷项目的规则，运动员可中止已开始的试掷，可将器械放在投掷圈、助跑道内或外边，也可离开投掷圈或跑道。

（5）器械落地第一次接触地面时，触及了落地区角度线或落在角度线以外，判为失败。

（6）在器械落地以后，运动员方可离开投掷圈或助跑道。

① 在圈内完成试掷，离开投掷圈时，首先触及的铁圈上沿或圈外地面要完全在圈外白线的后面；

② 掷标枪时，当运动员离开跑道时，首先触及的助跑道标志线或助跑道外地面要完全在投掷弧两端的白线后边，该线与助跑道标志线垂直。

（7）每次试掷结束后，要将器械送回投掷圈或助跑道附近区域，不得掷回。

三、田径比赛的裁判方法

（1）田赛所有项目在田赛裁判长的指挥下，由跳部主裁判和掷部主裁判独立分头主持工作。

（2）可根据实际需要分成若干跳部、掷部裁判组，每组设组长、记录员、裁判员多人，各裁判组分别进行工作。

（3）赛前，裁判应检查布置场地，准备需用器材和物品。

（4）记录员按时到检录处召集运动员点名，检查号码、钉鞋等用品，带队入场，组织运动员按顺序进行1～2次练习。

（5）比赛开始后，由记录员按顺序叫号试跳或试掷，远度项目丈量每一次有效成绩，由记录员登记，并向运动员宣布；如果出现破纪录情况，记录员应立即请田赛主裁判和总裁判长审核。高度项目要按技术会议制订的递升计划递升，并用正确的记录符号记录。

（6）比赛结束后，主裁判要认真核对成绩和名次，请田赛裁判长审核签字后交总记录。

（7）全能裁判在田赛裁判长领导下进行工作，其主要工作任务是负责全能项目的检录、带运动员入场比赛、查分、掌握休息时间、审核成绩、排出名次。

第五章　球类运动

第一节　篮球运动

一、篮球运动发展简史

篮球运动是以手为中心的身体对抗性体育运动，是奥林匹克运动会核心比赛项目。

1891年12月21日，美国马萨诸塞州斯普林菲尔德基督教青年会训练学校体育教师詹姆士·奈史密斯在借鉴其他球类项目的基础上，设计发明了篮球运动。

第二年，奈史密斯制定了《青年会篮球规则》（共 13 条）。1893 年该规则增订了 8 条，主要内容：用铁圈取代桃筐；确定了篮圈离地面的高度为 3.05 米；规定了参加游戏的人数为 9人（三区制）等。1897 年，该规则取消了前锋和后卫不得越区攻防的规定，促进了运动员技术的全面发展。

1896年，篮球运动传入中国天津。在1904年于美国圣路易斯举办的第 3 届奥运会上，美国青年会男子篮球队第1次进行了篮球表演赛。此后，篮球运动逐渐在世界各地开展起来。1908 年，美国制定了统一的篮球规则。

在1936年举行的柏林奥运会上，篮球被列为正式比赛项目。从1992年的巴塞罗那奥运会开始，职业选手可以参加奥运会篮球比赛。

篮球运动的最高组织机构为国际篮球联合会，于1932年成立，总部设在瑞士日内瓦。中国最高组织机构为中国篮球协会，于1956年10月成立。

二、篮球重要赛事

（一）奥运会篮球比赛

奥林匹克运动会篮球比赛是国际水准的篮球比赛之一。在1936年举行的第11届奥林匹克运动会上，男子篮球被正式列为竞技项目；在1976年的第21届奥林匹克运动会上，女子篮球被列为正式竞技项目。奥运会篮球比赛每4年举行一次。

（二）世界男子篮球锦标赛

国际篮球联合会主办的世界性比赛，始于1950年，每4年举行一届。

（三）世界女子篮球锦标赛

国际篮球联合会主办的世界性比赛，始于1953年，每4年举行一届。

（四）美国职业篮球联赛（NBA）

美国国家篮球协会主办的职业篮球赛事，始于1946年6月6日，是世界上水平最高的篮球联赛。

（五）中国男子篮球职业联赛（CBA）

中国篮球协会主办的跨年度主客场制篮球联赛，是中国最高等级的篮球联赛。

三、篮球比赛规则

（一）场地要求

1. 篮球场

标准篮球场应为28米×15米的长方形。场上各线线宽均为5厘米，场地的丈量从界线的内沿量起，而场内的各区、线、圈的丈量均从界线的外沿量起。场地地面应坚实平坦，至少在周围2米以内无障碍物。

2. 篮球架

篮球架的支柱距端线外沿至少1米。篮板横宽1.80米，竖高1.05米，下沿距离地面2.90米。篮板的底部、边沿和支柱应做适当包扎。篮圈的上沿距地面3.05米，篮圈直径为45厘米。

（二）赛制时间

篮球比赛由4节组成，每节10分钟，在第一节和第二节之间、第三节和第四节之间以及每一决胜期之前，应休息2分钟；半时（两节）中间休息15分钟。凡裁判员鸣哨或24秒计时器发出信号，均要暂停计时钟，以保证比赛净打时间足够4 × 10分钟。如果第四节比赛终了时两队比分相等，需要进行5分钟的决胜期；如仍平局，再进行5分钟决胜期比赛，直到分出胜负为止。

（三）比赛方法和计分

比赛开始双方各一名队员在中圈内跳球，并由主裁判员抛球。在规则允许和限制下，双方队员可向任何方向传、投、拍、滚或运球，力争将球投入对方球篮，并阻止对方获得球和投篮得分。

在3分投篮区投中篮得3分，其他位置投球中篮得2分，罚球中篮得1分。在比赛时间内得分较多的一队获胜。

（四）犯规

犯规是违反规则的行为，含有与对方队员的身体接触、违反体育道德等举止。

1. 侵人犯规

在球进入比赛状态、活球或死球时，场上队员通过手、臂、肩、髋、膝、脚或将身体弯曲成不正当姿势去拍、阻挡、阻挠、推人、撞人、绊人等动作来阻碍对方队员行进，即为侵人犯规。

2. 技术犯规

运动员在场上骂人、漠视裁判员的劝告或不服从裁判员判决、故意拖延比赛时间等给违犯者带来不正当利益的技术性违例，要被判技术犯规。

3. 双方犯规

指两名互为对方队的队员大约同时互相犯规的情况。

4. 违反体育道德的犯规

队员蓄意地对持球或不持球的对方队员造成侵人犯规，为违反体育道德的犯规，包括过分地接触（严重犯规）、拉、打或推不靠近球的队员。队员被登记 2 次违反体育道德的犯规，或犯了十分恶劣的犯规行为，将被取消本场剩余比赛的资格。

5. 队员5次

在4 × 10分钟的比赛中，任何队员犯规5次，必须自动退出比赛。

6. 全队4次

在一节中全队队员犯规累计已达4次（任一决胜期内发生的全队犯规应被认为是下半时或最后1节的继续），所有随后发生的队员犯规均执行2次罚球。

（五）违例

违例就是违反规则而未构成犯规的行为。宣判违例后球成死球。裁判员将球判给对方队员在最靠近发生违例的地点掷球入界。

1. 带球走

当队员持着活球，超出了规则限制的范围向任一方向非法移动，就是带球走。运球时在球离手前，不准提起中枢脚；投篮或传球时，中枢脚可提起，但脚落地前必须球离手，否则判违例。

2. 球出界

球出界的判定依据是：球触及了界线上方、界线上或界线外的地面或任何物体，在界外的队员或任何其他人员，篮板支撑架、篮板背面或比赛场地上方的任何物体。

3. 两次运球

队员运球后，用双手同时触球一刹那，或使球在手中停顿一刹那，就是合法的一次运球完毕，不得再次运球，如再运球为运球违例。

4. 球回后场

控制球的球队一名队员在前场最后触及球，并且随后球被该队一名队员首先触及。此时，如果该队员有部分身体触及后场（中线属后场），或球已经触及后场，是球回后场违例。

5. 拳击球与脚踢球

队员用拳击球以及故意用脚踢球或用脚的任何部位踩球，都应判违例。但队员的脚或腿无意触及球不算违例。

6. 掷界外球违例

掷界外球的队员在可处理球时，5秒内未将球掷出；掷球时脚踏过界线；掷球离手前，从裁判员指定的地点沿边线移动超过正常的一步；掷球离手后，在球接触场上队员前，球触及界外，以上都算违例。

7. 被严密防守的队员

队员正持着活球，这时对方队员采用积极的、合法的防守姿势，距离在1米之内，该队员是被严密防守，这个队员必须在 5 秒内运球、投或传，否则算违例。

8. 3秒违例

某队在场上控制活球并且比赛计时钟正在走动时，该队队员不得停留在对方的限制区内超过持续的3秒；否则，判违例。

9. 5秒违例

某队掷界外球，5秒钟内未将球掷出；当持球队员被严密防守，在5秒钟内没有传、投、滚或运球；罚球时、裁判员递交球后，罚球队员5秒钟内未将球投出手，都应判违例。

10. 8秒违例

进攻队从后场控制活球后，必须在8秒内使球进入该队的前场（当球触及中线前的场地，或触及有部分身体接触中线前的地面的该队任何队员，算是球进入前场；否则，判违例）。

11. 24秒违例

当某队一名队员在场上获得控制活球，或在一次掷球入界中，球触及任何一名场上队员或者被他合法触及，掷球入界队员所在球队仍然控制着球时，该队必须在24秒内尝试投篮，在24秒装置的信号发出前，球必须离开投篮队员的手，并且球必须触及篮圈。如果球触及篮圈前的同一控制球队再次获得控球权，计时钟应恢复到14秒。

12. 干扰球

投篮的球在篮圈水平面上下落和正好是在限制区之上时，攻守双方都不得触球；当投篮的球在篮圈上时，攻守双方均不得触及球篮或篮板；否则，都应判违例。

四、篮球基本技术

篮球运动的基本技术是篮球运动员为了进攻与防守所采用的专门动作方法的总称，是一切战术配合的基础。

（一）传接球技术

传接球技术是篮球比赛中队员之间有目的地转移球的方法，是篮球运动中使用最多的一项基本技术，是实现战术配合的手段，是相互联系和组织进攻的纽带。传接球技术的好坏，直接影响战术质量和比赛的胜负。传球应做到及时、准确、巧妙、隐蔽和有目的，给接球者创造进攻投篮的机会，接球要主动摆脱对手，前迎接球，接球后一方面要保护好球，另一方面要为下一个动作做好准备。

1. 传球

在现代篮球运动中，传球技术方法丰富多彩，比如双手、单手、背后、反弹、原地、跳起和行进间传球。按传球开始部位来分，有头上、肩上、胸前、体侧传球等。

（1）双手胸前传球：这是一种最基本、最常用的传球方法，简单易行，快速准确。

（2）双手头上传球：这种传球方法多用于中、远距离或抢篮板后的传球。

（3）单手体侧传球：传球时，一手持球后引，经体侧向前做弧线摆动，手腕前屈，用食指、中指拨球，将球传出。

（4）反弹传球：常用于阵地进攻中向内线传球，快攻结束时也常运用。

2. 接球

根据队员的位置、来球的高度、方向、速度、防守队员接近的程度以及接球后的进攻动作，来灵活采取接球的方法。

（1）双手接球：这是最常用的接球方法。容易把球接住，便于保护球，而且能和传球、投篮、切入结合起来。

（2）单手接球：当来球为高、远球，不便双手接球时，常用单手接球。

3. 行进间双手胸前传接球

技术要领与原地传、接球相同，但因为是在走动或跑动中完成传接球动作，所以要求手臂与脚步动作应协调配合。在跨出第1步时接球，迈出第2步时传球，最迟应在第3步落地前将球传出。双手接球时，两眼注视来球，两臂伸出迎球，当手指触球后，迅速抓握球，两臂随球后移缓冲来球的力量，两手持球于胸腹之间。

（二）运球技术

运球是持球队员在原地或行进中单手连续拍击从地面反弹起来的球的动作方法。它不仅是个人摆脱吸引、突破防守的进攻手段，也是组织全队战术配合的一种基本技术动作。

1. 原地运球

（1）高运球

球反弹起来，高于膝低于胸的运球叫高运球。以肘关节为轴，前臂伸出，手指自然分开，用手腕和手指柔和而有力地拍按球的后上部，球落体侧前方，运球时两腿微屈，上体稍前倾，抬头注视场上情况。

（2）低运球

球反弹起来，低于膝部的运球叫低运球。

动作方法：运球遇到防守时，两腿迅速屈伸，重心下降，上体前倾，球的落点在体侧，用上体和腿护住球，用手腕和手指短促地按拍球，使球控制在膝关节的高度，迅速摆脱防守，继续快速向前推进。

（3）变换方向运球

运球进攻队员遭到防守队员围追阻截移动路线时，突然改变运球前进的方向，借以摆脱对方防守的一种技术。这种方法与假动作结合运用效果会更好。

2. 行进间运球

队员目视前方，上体稍前倾，用力拍按球的后上方运球向前推进，跑动的步伐与球弹起的节奏相一致。

3. 运球急停急起

队员在快速运球中为摆脱对方堵截，突然身体重心下降，手按拍球的前上方使球停止向前运行，目视前方；急起时，两脚用力蹬地，上体迅速向对方篮板方向启动，同时按拍球的后上方，人球同步快速推进。

4. 行进间体前变换运球

向左、右边方向运球时，手按拍球的右后、左后上方。

（三）投篮技术

投篮是篮球进攻的主要技术之一，是比赛中唯一的得分手段，比赛双方的胜负，决定于投篮的得分对比。加强投篮技术的教学与训练、掌握和运用好投篮技术，以及不断提高投篮命中率，在篮球教学训练中具有十分重要的意义。

投篮技术动作方法很多，重点技术动作有原地投篮、行进间投篮、跳起投篮、扣篮和补篮等。

1. 原地双手胸前投篮

进攻队员双手胸前持球，两脚蹬地，腰腹伸展，膝微屈，重心落在两脚之间，注视瞄准点（一般是篮圈的前上沿约一球之高处），两臂向前上方伸出送球。这种方式适用于中远距离投篮。一般臂力小的人或女子常用此种方式投篮。

2. 原地单手肩上投篮

这种投篮方式出手点高，应用范围广，适用于各种不同距离、位置和姿势（原地、行进间跳起投篮）。

3. 跳起单手肩上投篮

两脚自然分开，屈膝下蹲，起跳时两脚突然用力蹬地，垂直向上跳起，同时迅速举球于头的上方，一手托球，另一手扶球，当腾空接近最高点时迅速向上抬肘伸臂，用手腕、手指的力量将球投出。

4. 行进间单手肩上投篮

在快速跑动中接球或运球做近距离投篮时，常用这种方式投篮。这种投篮方法俗称跑动中投篮，又称“三步上篮”。

5. 行进间单手低手投篮

这种投篮方式与行进间单手肩上投篮相似，只是当身体接近最高点时，非投篮手离球，投篮手外旋，掌心向上托球，尽量伸向篮筐，用挺肘、压腕的柔和动作，靠食指、中指、无名指拨球，通过指端使球向前旋转入篮。

（四）持球突破技术

持球突破是持球队员运用脚步动作和运球技术快速超越防守队员的一项攻击性很强的技术。持球突破不仅能创造篮下投篮的机会，还能造成对方犯规，打乱对方的防守部署。根据动作结构，可分为交叉步运球突破和顺步同侧步运球突破两种。

（五）抢篮板球技术

抢篮板球是指在篮球比赛中双方队员争抢投篮未中从篮板或篮圈反弹回的球。抢篮板球是获得控制球权的主要途径。抢进攻篮板球和抢防守篮板球都是由抢占位置、起跳、空中抢球动作和获得球后动作组成。

1. 抢进攻篮板球

进攻队员投篮出手后，篮下同伴要及时判断球的反弹方向和落点，摆脱阻挡，移动到球的落点方向，迅速起跳，在空中补篮或抢到篮板球后组织二次进攻。

2. 抢防守篮板球

防守队抢篮板球时多数处于靠近篮筐的有利位置，应先挡人，后抢球。挡人成功后，就要迅速起跳，力争在空中将球点拨给同伴，或抢到球后持球于头上、胸前，及时传出或运球突破，发起进攻。

（六）防守技术

防守技术是球员个人必备的一项综合性技术，也决定了球队集体进行防守战术配合的成败。在防守时，需要球员快速移动脚步，手部攻击动作灵活多变，同时，球员还应具备良好球员的观察、判断力和敏捷的反应能力。

防守对手技术包括防守无球队员和防守有球队员。

1. 防守无球队员

要求防守队员，随时观察对手无球队员的意图，运用各种步法，紧跟堵截其移动和接球路线，不让其在有效的攻击区和跑向篮下接球，迫使其移动到威胁较小的区域，封锁对方的传球路线。

2. 防守有球队员

适当地靠近对方进攻投篮队员，运用快速的脚步移动阻止其运球、切入路线；当对方试图投篮时，一只手向前上方直臂举起，影响其投篮，另一只手自然向侧下方伸出，当对方投篮出手后或跳起投篮时，防守者迅速跳起来“盖帽”。

五、篮球基本战术

篮球比赛在进攻或防守时，全队按照基本的落位阵形、移动路线、攻守区域和一定的变化规律，而确定的相互协调配合行动的方法，称作篮球战术。篮球战术，包括进攻战术与防守战术两部分。

（一）进攻战术基础配合

（1）快攻：快攻是篮球进攻战术的重要组成部分，指由守转攻时，趁对方防守立足未稳，以最快的速度、最短的时间，达到局部人数上以多打少的优势，或趁对方立足未稳时，果断地进行攻击的一种速决战术。在比赛中要抓住掷界外球、抢夺篮板球、挑球和断球的有利时机，迅速发动快攻。根据场上情况可以运用长传快攻或运球推进快攻的形式，进行攻击。

快攻的核心是争取时间、创造战机、发动突然、攻击迅速，是进攻战术中最锐利的武器。在组织形式上，快攻分为长传快攻、短传快攻、运球突破快攻三种。

（2）进攻战术基础配合：2～3个进攻队员之间有目的、有组织协调配合行动，包括传切、突分、掩护和策应配合，以及快攻结合阶段以多攻少的配合等形式。

① 突分配合：持球队员运球突破对手后，遇到对方队员补防，不能上篮；或在突破中迫使对方缩小防区，主动或应变地将球分给同伴进攻投篮的配合方法。在进攻人盯人防守或区域联防时，都可采用边线和中线突分配合。

② 传切配合：进攻队员把球传给同伴后，利用快速起动、变换方向或身体虚晃等假动作摆脱对方防守，迅速切入篮下，再接球投篮。一般是篮下较空时采用。遇到对方全场紧逼人盯人防守时，也常用此方法摆脱防守。

③ 策应配合：是指进攻队员背对或侧对球篮接球后，以他为枢纽，与外线队员的空切和掩护相互配合而形成的一种里应外合的配合方法。

④ 掩护配合：进攻队员有目的地选择最适当的位置，运用合理的技术动作，用自己的身体挡住同伴的防守队员的移动路线，给同伴摆脱防守、获得进攻机会创造良机。根据掩护者的移动方法、路线和变化，可分为运球掩护、定位掩护、反掩护、假掩护、双掩护和连续掩护等；根据掩护者和被掩护者身体位置和方向不同，可分为前掩护、后掩护和侧掩护。

⑤ 二攻一：快攻推进到前场后，形成以多打少的有利局面。

（3）进攻区域联防：应根据联防的特点和规律，尽量避免成一对一阵形，针对其薄弱环节，在局部地区创造以多打少的局面。“1–3–1”是进攻区域联防最基本队形，队员分布较平均，攻击点多，便于左右内外配合，有利于抢篮板和保持攻守平衡。其他常用进攻区域联防队形有“1–2–2”“2–1–2”“2–3”等。

（二）防守战术基础配合

两三个防守队员之间相互配合破坏对方进攻配合所采用的协调防守方法，包括挤过、穿过、绕过、交换、关门、夹击和补防等配合以及快攻结束阶段以少防多的配合等形式。

（1）挤过配合：当对方掩护时，防守者在掩护队员接近自己的一刹那，积极前跨一步，从两个进攻队员之间侧身挤过，继续防住自己的对手的方法。

（2）交换配合：这是为了破坏对方进攻队员的掩护配合，防守队员之间彼此及时地交换自己所防守的对方队员的配合方法。

（3）“关门”配合：这是两个邻近的防守队员相互靠拢，堵住对方突破队员行动路线的一种协同防守的配合方法。

（4）夹击配合：这是指两名防守队员有目的地同时采取突然行动，封堵和围夹对方持球队员的配合方法。

（5）补防配合：这是当发现同伴漏防时，防守队员果断、及时放弃自己的对手，去补防对方威胁最大的进攻队员，而漏人的防守队员及时换防的协同防守方法。

（6）“一防二”：当一名防守队员面对两名对方队员时，冷静、沉着地占据有利的防守位置，准确地判断对方的意图，果断地抢、打、断球，或运用假动作设法使对方技术差的队员控制球，迫使对方停止运球，然后全力防守另一队员。

（7）半场人盯人防守：这是当本队由攻转守时，所有队员迅速退回后场，防守队员盯住自己对手的同时，进行集体协调防守的战术。

（8）区域联防：这是由攻转守时，队员迅速退回后场，每个队员分工负责一定的区域，严密防守进入该区域的球和对方进攻队员，并与同伴协作防守而构成的全队防守战术。现代联防战术的特点是防守队员随球的转移积极地移动和协防，位置区域分工明确，对有球区以多防少、无球区以少防多。

第二节 足球运动

一、足球运动发展简史

（一）足球的起源

足球［Football（英）、Soccer（美）］是一项以脚控制和支配球为主，两支球队按照一定规则在同一块长方形球场上进行攻守对抗的一项球类运动项目。现今，世界多数国家使用“Football”作为足球的标准英文，只有美国等极少数国家译作“Soccer”，美国、加拿大将“Football”称作“美式橄榄球”。

足球的前身起源于中国春秋战国时期的齐国，当时，山东临淄（今淄博市）流行一种用脚踢球的球类游戏，被称作“蹴鞠”。到了汉代，蹴鞠被当作训练士兵的手段，专门设置了东西方向的长方形球场，两端各设六个对称的“鞠域”（也称“鞠室”），各由一人把守；场地四周设有围墙；由两队进行攻守比赛，以踢进对方鞠室的次数来确定输赢。

后来，蹴鞠经阿拉伯人传至欧洲，逐渐演变发展为现代足球。蹴鞠和佛教一起传到了日本，现在，日语及韩语中仍可见称足球为“蹴球”的用法。

在2005年举行的国际足联成立百年庆典闭幕式上，正式宣布中国山东临淄为世界足球起源地，可谓实至名归。

（二）现代足球的产生和发展

现代足球则始于英国。19世纪初，英国和欧洲其他国家以及拉美部分国家开始盛行足球运动，不过，踢球的规则五花八门。1848年，英国的剑桥大学和牛津大学制定了一系列的足球比赛规则，诞生了足球运动上第一部文字形式的规则《剑桥规则》。因为当时剑桥大学和牛津大学的比赛是以宿舍为单位，每间宿舍住10名学生和1名教师，所以每支球队参赛人数为11人。这个参赛人数规则一直沿用至今。

1863年10月26日，英国几名足球爱好者在伦敦成立了世界上第一个足球运动组织——英格兰足球总会，并统一了足球运动的竞赛规则。这是现代足球运动正式产生的标志性事件，这一天被定为现代足球诞生日。当时，美国学校称这项运动为Soccer，但现今包括美国在内的世界多数国家沿用Football的英文名称。

1872年，英格兰与苏格兰之间举办了足球史上第一次协会间的正式比赛，英国人开始摆设“1-2-3-4-5”“塔形阵形”，深刻影响了世界足球运动的发展。1888年，英格兰足球甲级联赛成立，成为世界足坛上第一个全国性的足球职业联赛。1900年，在巴黎举办的第二届夏季奥林匹克运动会中，足球第一次被列入正式比赛项目。

1904年5月21日，法国、比利时、西班牙、荷兰、丹麦、瑞典、瑞士等7国足球协会在巴黎发起成立了世界足球最高组织——国际足球联合会（FIFA），总部设在瑞士苏黎世。此后，现代足球运动风靡于欧洲和拉丁美洲，在其他地区发展和提高得也很快。

1930年，依照国际足联总会的决议，在乌拉圭举办了第一届世界足球锦标赛（又称世界杯足球赛），此后每4年举行一届。

自20世纪50年代开始，世界足球运动兴起了三次革命性的变革。

第一次：1953年，匈牙利人突破了“WM”式的传统打法，创造了“3-3-4”阵形，有力推动了世界足球运动的发展。

第二次：1958年，巴西人创造了攻守趋于平衡的“4-2-4”的阵形，在技术、技巧上推陈出新，巴西先后夺得1958年、1962年、1970年三届世界杯赛冠军。

第三次：世界各国纷纷借鉴巴西的阵形，又发展出一些变体，充分体现了现代足球技术、战术和身体素质全面发展的趋势。

相比于其他体育运动，足球运动对抗性强、战术多变，运动员采用急停、奔跑、跳跃、转身、倒地、冲撞、冲顶等各种合乎规则的动作，两队22个球员激烈地争夺同一个足球，并设法尽快将其打入网窝，富有极强的观赏性，成为当前世界上影响最大、开展得最为广泛的体育运动项目，吸引了全世界无数球迷的关注，被誉为“世界第一运动”。

二、足球重要赛事

（一）世界杯

世界杯是由国际足球联合会统一领导和组织的世界性的足球比赛，每4年举行一次，是世界上规模最大、影响最大、水平最高的国家队之间的足球比赛。

（二）欧洲足球锦标赛（欧洲杯）

欧洲杯是由欧洲足球协会联盟组织举办的洲际国家队足球赛事，赛事从1960年开始举办，每4年举办一次。2016年，欧洲杯参赛球队扩军至24支。

（三）美洲杯

美洲杯是由南美洲足球联合会举办的洲际国家队足球赛事，赛事从1916年开始举办，是全世界历史最悠久的国家级足球赛事。赛事早期没有固定举办日程，到1987—2001年，美洲杯固定为每2年举办一次。2001—2007年间每3年举办一次。从2020年开始，美洲杯改为每4年举办一次。

三、欧洲足球五大联赛

欧洲足球五大联赛是当今世界足球水平最高的联赛。

英格兰足球超级联赛，成立于1992年；

西班牙足球甲级联赛，成立于1929年 ；

意大利足球甲级联赛，成立于1898年；

德国足球甲级联赛，成立于1962年；

法国足球甲级联赛，成立于1894年。

四、足球比赛规则

制定比赛规则，是为了保护双方运动员，促进战术的发展，体现公平竞争原则，适应职业化需要，并不断提高比赛的观赏性。

（一）比赛场地

足球比赛场地呈长方形，长90～120米，宽45～90米。国际比赛场地长100～110米，宽64～75米，线宽为0.12米。

国内比赛场地的长宽度，因比赛等级、年龄分组不同而各有差异。

国际足联对计时器，裁判员用的哨子，判罚用的红牌、黄牌，助理裁判员的旗子，第四官员在换人时用的运动员号码牌等作了规定。

（二）比赛时间和队员

1.比赛时间

足球比赛由攻队在中圈开球，使球向前滚动一周开始计时，全场比赛时间为90分钟，分上、下两个半场，各45分钟，中场休息不得超过15分钟，在下半场两队互换场地。

每场比赛安排1名主裁判和2名边线裁判，每个半场，主裁判可以根据场上的伤病和换人耗时情况进行补时。如果比赛必须决出胜负，则90分钟内两队若打平，进行上下半时各为15分钟的加时赛，如果仍然打平，则通过罚点球分出胜负。

2.比赛队员

比赛分为两队参加，比赛人数有11人制、9人制、7人制。通常为11人制，每队场上队员不得多于11人（其中包含1名守门员），不足7人时不能进行比赛。正式比赛可替换3名队员，换下队员不可再上场参加该场比赛；被出示红牌判罚令其离场的队员，不能由替补队员替补。

（三）比赛计分

比赛时不准做拉、拦、摔等犯规动作；除守门员在本方罚球区内以外，任何队员不准手触球；当同队队员踢球时自己站的位置是对方半场内并且又在球的前面和对方端线之间，对方队员少于两人时作为“越位”。以上都是违例，应按其规则判罚。

比赛时尽量将足球射入对方的球门内，射进对方球门一球计1分，在规定比赛时间内以射进球多者为优胜队；如果必须决出胜负，而两队在规定比赛时间内踢平，则应加时再赛或互射点球（发球点距球门12码）① 等形式分出高下。

（四）掷界外球

当球的整体不论在地面或空中越出边线时，应由出界前最后触球队员的对方队员掷界外球，在球出界处靠近的边线外向场内任何方向投掷。

（1）掷球队员必须面向球场，双手持球，从头后经头顶的完整连贯动作将球掷入场内，任何一脚不得离开地面，可以滑动，但不得踏入场内，双脚可以踏触边线。

（2）掷界外球不能直接掷入球门得分。

（3）球一进场内，比赛立即恢复。在球被其他队员踢或触及前，掷球队员不得再次触球。

① 12 码 =10.9728 米

（五）罚则

（1）掷球队员掷球入场后，如果在球被其他队员踢或触及前再次触球时，应由对方队员在犯规发生地点踢间接任意球。如队员在对方球门区内犯规或在本方球门区内犯规，则应根据任意球规则的具体情况踢间接任意球。

（2）队员如果不按规定的方法将球掷入场内，应由对方队员在原处掷界外球。

（六）越位

（1）队员如果较球和最后第2名对方队员更接近对方球门线，则判其为处于越位位置。

（2）判罚越位的条件：必须同时存在以下3个条件，方构成越位位置。

① 该队员在对方半场内；

② 干扰比赛或对方企图从越位位置获得利益；

③ 在他与对方球门线之间对方队员不足2人时。

（3）队员出现下列情况，不应被判为越位。

① 队员仅仅处在越位位置；

② 直接接得球门球、角球、裁判员坠球、掷界外球。

（4）裁判员判罚了某队员被越位，应判由对方队员在越位地点踢间接任意球。该队员如果在对方球门区内越位，则这个任意球可以在越位时所在球门区内任何地点执行。

（七）任意球

任意球分两种：直接任意球和间接任意球。直接任意球可直接射入犯规队球门得分；间接任意球需在球踢出后再触及场内任何其他队员后，才能射门得分。

队员在本方罚球区内发直接或间接任意球时，当球被踢出罚球区之前，对方所有队员都应退出距球9.15米以外进行防守。一旦发出的球滚至球的圆周距离并出罚球区后，即为恢复比赛。守门员不得将球接入手中后再踢出进入比赛，如球未被直接踢出罚球区，那么应判其重发球。

1. 判罚直接任意球

队员出现下列9项中的任何一项，应判由对方队员在犯规地点罚直接任意球。

（1）踢或企图踢对方队员。

（2）跳向对方队员。

（3）在对方身后或身前绊摔或企图绊摔对方队员。

（4）带有危险性或猛烈地冲撞对方队员。

（5）从背后冲撞对方队员（除对方正在阻挡外）。

（6）拉扯对方队员。

（7）推对方队员。

（8）打或企图打对方队员，向对方队员吐唾沫。

（9）手球：比如，除了守门员在本方罚球区内外，球员用手或臂部推击、携带球。

2021年3月5日，国际足球协会理事会宣布对有关手球犯规的规则做出了调整，不是所有手球都算犯规，比如，导致队友射门得分或获得得分机会的无意手球将不再被视为犯规。

2. 判罚间接任意球

队员出现下列5项中的任何一项，应判由对方队员在犯规地点踢间接任意球。

（1）危险动作（如蹬踏动作）。

（2）队员的目的不是球，而球又不在对手的控制范围的情况下，向对手进行合理冲撞。

（3）阻挡，队员不是为了踢球，而是故意阻挡对方队员接近球的拦堵行为。

（4）守门员在球门区内手中无球，而且没有阻挡对方队员时，对他进行冲撞。

（5）守门员违例：守门员接球后，行走超过4步或者在行走4步过程中及其前后，虽使球进入比赛状态，但在未经罚球区外同队队员或罚球区内、外的对方队员触及前，再次用手触球；守门员持球时间过长，或有意延误时间以使本队获得利益。

（八）违规判罚

1. 黄牌警告

在足球比赛中，裁判员对运动员提出警告是一种比较严厉的处罚。执行警告时，裁判员要对犯规队员出示黄牌，并判由对方在犯规地点罚间接任意球恢复比赛。

队员有下列行为，应给予黄牌警告。

（1）比赛开始后，队员进场参加比赛，离场后重新进场或在比赛进行中退场，而事先未得到裁判员允许。

（2）用言语或行动对裁判员的判决表示不满。

（3）在双方拼抢中屡次违反规则。

（4）有不正当的行为。

2. 红牌罚令出场

执行罚令队员出场时，裁判员应停止比赛，并向犯规队员出示红牌。罚令出场是对运动员最严厉的处罚。

队员出现下列情况之一者，应出示红牌罚令其出场。

（1）严重犯规。

（2）犯有暴力行为。

（3）使用辱骂性语言或污言秽语辱骂其他球员或裁判员。

（4）经黄牌警告后，因犯规又被给予第二次黄牌警告。

在罚令队员出场时会暂停比赛，该队员如果并未违反其他规则，则应判由对方在犯规地点踢间接任意球。

（九）罚点球

在足球比赛中，有两种情况需要罚点球。

（1）在正常的常规时间内，守方球员在禁区内对攻方球员犯规。

罚点球方式

罚点球可直接射门得分；球应放在罚球点上；商定主罚队员，由该队员执行踢点球；在球被罚出前，对方守门员必须站在两门柱间的球门线上（两脚不得移动）；发球时除主罚队员和对方守门员外，其他队员均应在该罚球区外及比赛场内，并距罚球点至少9.15米；主罚队员必须向前踢出点球；在其他队员触球前，主罚队员不得再次触球；在常规比赛时间中，以及在上半时或全场比赛结束时而延长时间执行或重新执行罚点球时，如果球在越过球门柱间和横梁之下时触及横梁、守门员、任何一个或两个球门柱而进入球门，只要没有犯规，应判定得分。

（2）在杯赛性质的淘汰赛或两回合的淘汰赛中，如果加时赛进行30分钟后，两队仍然平局未分出胜负，双方则进入“点球大战”，通过一轮一轮互射点球的方式决出胜负。

点球大战规则

罚前，双方教练从结束比赛时本队场上的11人中选出5位球员主罚，将出场顺序交给裁判，不得临时更改；随后，双方队长通过抛硬币正反面来决定先踢方。

第一阶段罚球：双方按顺序交叉轮流罚球，共罚5轮，5轮结束之后以累计进球数多的一方获胜。

第二阶段罚球：如果5轮罚球结束双方仍然平局未分出胜负，则采取“突然死亡法”进行加罚，双方上场球员不再需要排序，自由决定谁上，只要一方进球而另一方没进，则进球方取胜，比赛随即结束。

（十）球门球

当球的整体不论在空中或地面越过球门线，而最后触球者为攻方队员时，即判球门球。由守方守门员在禁区内任何地点直接发出禁区，重新开始比赛。

守门员不得将球接入手中后再发出进入比赛；当球直接踢出罚球区外

比赛进行；守门员在球被其他队员踢或触及前，不得再次触球；发球门球不得直接射门得分；发球门球时，对方队员都应站在发球区外；发球门球的队员将球踢出发球区后，在球被其他队员踢或触及前再次触球，应判由对方队员在犯规发生地点踢间接任意球。

（十一）角球

当球的整体不论在空中或地面越过球门线，而最后触球者为守方队员时，即判角球。

角球由攻方队员将球放在离球出界处较近的角球弧内踢发角球，当球未滚动至球的圆周距离时，守方队员应距球至少9.15米外。

角球可以直接进球得分。

发角球队员在球被其他队员触及前，不得再次触球；否则，应判由对方队员在犯规发生地点踢间接任意球。

五、足球基本战术

在足球比赛中，双方教练会部署本方队员有意识、有目的地跑动，把传、带、抢、突射门等技术有机地结合起来，以造成局部优势和进攻主动，达到最终战胜对手的目的。这就是足球战术。足球战术主要包括比赛阵形、进攻战术和防守战术。

（一）比赛阵形

比赛阵形是指教练排出的场上比赛队员的位置及责任分工。

以“四四二”比赛阵形为例：这是目前国内外球队大多采用的阵形。由此阵形还演变出“四三三”“四二四”等阵形。

“四四二”阵形的特点：攻守力量比较平衡，队员排列层次少，扩大了队员的活动范围，各位置分工明确。

（二）进攻战术

足球进攻战术丰富多彩，比如，最常用的有“二过一”配合，它是通过两个进攻队员传球和跑位来相互配合，突破对方一个防守队员的防守。这是进攻战术中最简单、应用较多的有效方法。

（三）防守战术

在现代世界足坛的防守战术中，最常见的有区域防守、紧逼盯人防守、紧逼盯人结合区域防守和反越位四种。防守战术的成功，建立在良好的个人防守技术和能及时协防补位的基础上。

当一个防守队员抢截对方球权失误时，另一个防守队员及时补位配合，相互协助防守，但应尽量不要造成补位的局面，或尽量少牵扯补位人员和换位人员。这是典型的两人防守配合战术。

（四）场上各位置的主要职责

1. 守门员

主要职责是守住球门，组织和指挥全队防守，控制罚球区，得球后有目的地组织进攻。

2. 边后卫

主要职责是防守对方的插入边锋位置的其他队员或边锋队员，并与中卫相互补位，协同防守，保护中路，堵截对方向本方球门发起进攻。当本队发起进攻时，也可伺机插上助阵，职责相当于一个边锋。

3. 中卫

主要职责是防守球门前中央最危险的区域，是防守的支柱，组织协调后卫线的防守，及时进行保护与补位，制止对方射门。由守转攻时要接应或发动进攻。

4. 前卫

主要职责是控制中场，掌握比赛节奏，起到全队的核心作用。前卫是防守的屏障，是锋卫间的桥梁和攻防的枢纽，进可以攻，及时插上或远射；退可以守，进行中场阻击，保护罚球区前的关键防区，起到中卫屏障的作用。

5. 边锋

主要职责是从边路突破对方的防线，带球切入射门或底线传中或包抄射门。进攻时实施边路突破，由攻转守时要回撤协防。边锋要紧盯对方防守自己的边后卫，不让其自由助攻，同时负责协助本方边后卫防守对方边锋。

6. 中锋

主要职责是突破射门或插上接传中球射门得分。中锋还要通过与队友交叉换位，左右策应，扰乱或撕破对方防线，给队友创造切入、插上或直接射门的机会，是本队的“尖刀”和“射手”。在防守时要积极回抢，及时封堵对方的第一传，延缓对方的进攻速度。

第三节　排球运动

一、排球运动发展简史

排球（Volleyball），是球类运动项目之一，球场长方形，中间隔有高网，比赛双方（每方六人）各占球场的一方，球员用身体的任何部位（以手、手臂为主）在空中击球，使球不落地，双方进行攻防对抗。

排球运动起源于美国，美国马萨诸塞州基督教青年会干事威廉·G.摩根于1895年发明；1896年，摩根制定了世界上第一个排球竞赛规则，同年在斯普林菲尔德专科学校举行世界上最早的排球赛。霍尔斯泰德教授根据比赛特点，提议将名称改为Volleyball（空中飞球），这一名称沿用至今，中文译名为排球。

1900年左右，排球自美国传入加拿大。1905年，排球传入巴西、古巴和中国等国家，很快成为当时世界上的一种时尚体育运动。1949年，在捷克斯洛伐克的布拉格举办了第一届世界男子排球锦标赛。

1953年，中国排球协会在北京成立，次年被国际排联正式接纳为正式会员。

1964年，排球成为奥运会的正式比赛项目。

自20世纪80年代后，排球进入了现代排球阶段，国际排联为顺应市场化的发展，对排球规则进行了一系列重大改革。1998年前后，室内排球运动也进行了一些规则上的改进。

现今，世界排球形成了全攻全守排球以及商业化、社会化、职业化排球的格局。

二、排球组织机构

国际排球联合会，简称国际排联（FIVB），是世界排球运动的最高级组织机构，由法国、比利时等14个国家的排球协会于1947年创建，总部设在法国巴黎，法国人鲍尔·黎伯担任第一任主席。1985年黎伯退休后，被推选为国际排联终身名誉主席，其职位由墨西哥人阿科斯塔继任，总部移至瑞士洛桑。

中国排球协会，成立于1953年，是中华全国体育总会的团体会员，也是国际排联和亚洲排联会员。

三、排球竞赛规则

（一）硬件要求

1. 比赛场地

排球比赛场地长18米，宽9米，呈两边对称的长方形，四周至少有3米宽的无障碍空地，场地上空至少高7米内不得有障碍物。场中间横画的一条线叫中线，把球场分为相等的两个场区。所有线宽均为5厘米。

国际排联世界性比赛场地规定，边线外的无障碍区至少宽5米，端线外至少宽8米，比赛场地上空的无障碍空间至少高12.5米。

2. 球网

排球场地中线上空架有球网，为黑色，网宽1米 ，长9.50米，挂在场外两根圆柱上。女子赛网高2.24米，男子赛网高2.43米。球网两端垂直于边线和中线的交界处各有一条白色的标志带，标志带的外侧各连接一根有韧性的标志杆（高1.80米）。

3. 球

球的圆周为65～67厘米，重量为260～280克，气压为0.40～0.45千克/平方厘米；用柔软的羊皮或人造革做外壳，橡胶或类似质材做球胆。

（二）比赛规则

1. 赛制规定

（1）比赛的前4局采用25分制，每个队只有先得至少25分，并同时超出对方2分时，为胜一局。

（2）正式比赛采用五局三胜制，决胜局（第5局）的比赛采用15分制，任何一方先得8分后，双方交换场区，按原位置顺序站位继续比赛到结束。

（3）决胜局的比赛，先得15分并同时超出对手队2分为胜。

2. 暂停

（1）每局一方以8分和16分领先时，比赛进行30秒的技术暂停。

（2）在比赛成死球时，裁判员鸣哨发球前，教练员或场上队长用相应的手势提出暂停，每局每队有权请求1次暂停，每次不得超过30秒。

（3）在世界比赛中，当比分至5分和10分时，进行技术暂停，时间为1分钟。

（4）暂停时，比赛队员必须离开比赛场区到球队席附近的无障碍区。

3. 替换

（1）教练员或场上队长可以向裁判员要求换人。每局每队最多有6次换人。

（2）每局开始上场的队员只能被换下1次，再次上场时则必须回到原轮次的位置，替补队员每局只能有1次换上场机会。

（3）一次或两次暂停可以与双方的各一次换人相连续，中间可不经比赛过程。

（4）同一队未经过比赛过程不得连续提出换人的请求，但在同一次换人请求中可以替换2名或更多的队员。

4. 网下穿越与触网

（1）网下穿越

比赛过程中，允许队员在网下穿越进入对方空间（应不得妨碍对方比赛）。

① 允许队员的一只（两只）脚或一只（两只）手越过中线触及对方场区的同时，其余部分还接触中线或置于中线上空，不判为犯规。

② 在不影响对方比赛情况下，队员可以穿越进入对方无障碍区；比赛中断后，队员可以进入对方场地。此外，不允许队员身体的任何其他部位都接触对方场区。

（2）触网

根据排球新规则，如果比赛中触网了即为犯规，但队员如果已经完成了击球动作和击球，如完成扣球动作或掩护扣球动作之后，偶尔触网、触及网柱、全网长以外的网绳或其他任何物体不算犯规。

5. 发球犯规

发球犯规包括发球击球时的犯规和发球击球后的犯规。

（1）发球击球时的犯规

① 发球次序错误；

② 发球队员在击球时或击球起跳时，踏及场区（包括端线）或发球区以外地面；

③ 球未被抛起或持球手未清楚撤离就击球；

④ 在第一裁判员“鸣哨”允许发球后超过5秒钟，发球队员仍未将球击出；

⑤将球抛起准备发球却未击球；

⑥双手击球或单手将球推出、抛出。

（2）发球击球后的犯规

① 球触及发球队其他队员或球的整体没有通过球网的垂直平面；

② 界外球；

③ 球越过发球掩护的个人或集体。

6. 界内球与界外球

（1）界内球

比赛时，球触及比赛场区内的地面（包括界线）为界内球。

（2）界外球

① 球接触地面的部分完全在界线以外；

② 球触及场外物体、天花板或非比赛成员等；

③ 球触及标志杆、网绳、网柱或球网标志杆以外部分。

7. 位置错误

在发球队员击球时，如果场上队员不在其正确位置上，应判队员位置错误犯规。

（1）发球队员击球时，场上其他队员未完全站在本场区内；

（2）每一名前排队员至少有一只脚的某部分比同列后排队员的双脚距中线更近；

（3）每一名右边及左边队员的一只脚的某部分必须比同排队员的两脚距同侧边线更近。不同排、不同列的队员不存在位置错误。发球击球之后，双方队员可以在本场区内任意交换位置。

8. 网上犯规

（1）网上球

球的整体已经越过球网垂直面，如果队员再去击球，即判过网击球犯规。如果球在球网上沿垂直面时，则双方都可以击球。击球时双方在网上同时持球，应判双方持球犯规。双方同时击球后，球沿网触标志杆，则判双方界外球。

（2）拦网

拦网是指队员用身体任何部位在高于球网处阻挡对方来球的行为。

前排队员的拦网触球不算1次击球，该队仍有3次击球机会。只允许前排队员完成拦网，后排队员不得完成拦网。如后排队员将球拦回，则为犯规。如某一队员在距个人拦网或集体拦网队员较远的地方进行拦网，而他又触及被拦网队员拦起的球，则为该队第1次触球。拦网时，队员可将手伸过网，但不得影响对方击球，否则判过网拦网犯规。在一个拦网动作中，允许球迅速而连续地触及一名或更多名的拦网队员。

9. 后排队员进攻性击球犯规

后排队员在前场区内或踏及进攻线及其延长线，将整体高于球网上沿的球直接击入对方场区，或触及对方拦网队员，则为后排队员进攻性击球犯规，也称作后排队员拦网犯规。

10. 击球时的犯规

（1）连击犯规

规则规定球必须同时触及身体的不同部位，但如果一名队员（拦网队员除外）连续击球2次，或球连续先后触及其身体的不同部位，属于连击犯规。

（2）持球犯规

队员身体的任何部位都允许触球。但球必须被击出。如果一名队员没有将球击出，造成身体接触球或抛出，如捞、捧、推掷、携带球，都应判持球犯规。

（3）四次击球犯规

一队连续触球4次（拦网除外）为四次击球犯规。队员无论是主动击球还是被动触及，均算该队员击球1次。

（4）借助击球犯规

队员在比赛场地内借助同伴或任何物体的支持进行击球，属于借助击球犯规。

11. 局间休息交换场区

（1）局间休息时间为3分钟。如果组织者提出要求，并经过有关单位批准时，在第2局与第3局之间，休息时间可延至10分钟。

（2）每局结束后，比赛双方交换场区，各队的其他成员交换球队席（决胜局除外）。

（3）决胜局中某队先得8分时，两队交换场区，不休息，队员在原来的位置继续比赛。

12. 不良行为

任何参加比赛者对裁判员、对方队员、观众或同队队员有下列行为，均为不良行为。

（1）非道德行为：对裁判员的判罚结果进行争辩、恫吓对方队员等行为。

（2）粗鲁冒犯行为：违背道德原则和采取不文明的举止，并用言语或行为对裁判员、对方队员和观众进行侮辱、诽谤。

（3）侵犯行为：对裁判员、对方队员或观众有企图侵犯的目的或人身侵犯的行为。

第四节　乒乓球运动

一、乒乓球运动发展简史

（一）乒乓球运动的起源

19世纪末，乒乓球运动起源于英国。当时，欧洲盛行网球运动，但打网球受到场地和天气的限制，一些英国大学生便把网球移到室内，搬来餐桌当作球台，把书竖起当作球网，用软木和橡胶做球，用类似网球拍那样的小型穿线球拍，在桌上玩新型的网球。

1890年，英国运动员吉布从美国带回一些赛璐珞球玩具，打“桌上网球”。驻守印度的一些英国海军军官偶然发现了这项体育游戏，感觉非常有趣，并将弹性不大的实心球改成了实心橡胶，随后改为空心的塑料球，并用木板代替了网拍。于是，有人将这种在桌子上进行的“网球运动”称作Table tennis（桌上网球），乒乓球运动就此诞生。

一位美国乒乓球制造商根据它打击时发出“Ping Pong”的声音，创造出Ping-pang这个新词，作为他制造的乒乓球专利注册商标，Ping-pang后来成了Table tennis的另一个正式名称。1904年，乒乓球运动传入中国，中国人称为乒乓球。

初期，乒乓球打法单调，只是把球推来推去。1903年，英国人古德发明了胶皮球拍，击球时增加了弹性和摩擦力，球可以产生一定的旋转，有力地促进了乒乓球技术的发展。

（二）乒乓球运动的发展

1926年1月，在德国柏林举办了一次国际乒乓球赛。同年12月，国际乒乓球联合会正式成立，决定举行第一届世界乒乓球锦标赛。

在1951年前，共举办了18届世界乒乓球锦标赛，此时期乒乓球运动的重心在欧洲，尤以匈牙利队的成绩最为突出。当时的球拍表面带有圆柱形颗粒，更利于打出旋转球，欧洲流行起削下旋球的防守型打法。

1952—1959年，日本乒乓球震动世界乒坛。

1957年以后，世界乒乓球锦标赛改为两年举行一次。

1959年，在西德多特蒙德举办的第25届世界乒乓球锦标赛上，中国选手容国团获得了男子单打冠军，这是中国乒乓球夺得的第一个世界冠军，中国乒乓球运动开始让世界瞩目。在第26～28届3届世界锦标赛中，世界冠军金牌共21枚，中国运动员共夺得11枚。这项运动特别适合中国国情，深得国人喜爱，风靡全国，到20世纪60年代，中国乒乓球技术水平已跻身世界最前列，并逐渐形成了中国特色的“快、准、狠、变”等技术风格的直拍近台快攻的独特打法，中国乒乓健儿在各种国际比赛中，取得了骄人的成绩，不断赢得世界冠军，乒乓球成了中国的“国球”。

欧洲运动员不甘落后，不断总结经验教训，经过近20年的努力，取中国近台快攻打法和日本弧圈球技术之长，创造出以快攻为主结合弧圈球和以弧圈球为主结合快攻两种打法，这是适合欧洲人的先进打法，他们再次将乒乓球运动水平推到新的高度。

1971年，中国乒乓球代表团正式邀请美国乒乓球代表团来访，打开了隔绝22年的中美交往的大门，被国际舆论誉为“乒乓外交”。

20世纪70年代后，国际各种流行打法互取长短，使乒乓球技术得到了更快的发展和提高。

1981—1988年，中国乒乓球队攀上世界高峰，演变成“中国乒乓球队对垒世界各国队”的局面。1988年，乒乓球被列入奥林匹克运动会的正式比赛项目，大大推动了世界乒乓球运动进一步发展。

20世纪80年代后一段时间，起源于欧洲的横板弧圈球打法渐渐成为世界乒坛的主流，中国乒乓球传统直板快攻打法渐显劣势。

2012年和2016年奥运会，中国乒乓球队再度包揽全部4金，历史上已5次囊括金牌，国乒再次巩固了自己不可撼动的统治地位。

多年来，中国乒乓球运动涌现了一大批世界冠军选手，比如王涛、孔令辉、刘国梁、邓亚萍、乔红、王楠、张怡宁等。

中国乒乓球运动创造过领先于世界的荣耀，也有过失去领先的痛楚，然而，中国乒乓球运动员胜不骄，败不馁，在逆境中奋起，重新夺得一个又一个世界冠军。这就是值得国人引以自豪的“乒乓精神”。

在2020年东京奥运会上，乒乓球混双第一次成为正式比赛项目。

2023年，国际残奥委会宣布，2028年洛杉矶残奥会将正式纳入乒乓球项目。

二、乒乓球重要专业赛事

（一）奥林匹克运动会乒乓球比赛

由奥林匹克理事会、国际乒联举办的乒乓球主要国际比赛。1988年在韩国汉城举办的第24届奥运会，乒乓球被列为正式比赛项目，设男子单打、女子单打、男子双打、女子双打4枚金牌。第29届北京奥运会开始取消双打比赛，改为男、女团体比赛。

（二）世界乒乓球锦标赛

国际乒乓球联合会举办的国际乒乓球比赛，第1届世界乒乓球锦标赛于1926年在英国伦敦举行。1928—1939年、1947—1957年，世乒赛每年举行一次。从1959年的第25届开始改为每2年举行一次。

（三）世界杯乒乓球赛

世界杯乒乓球赛也称“埃文斯杯赛”，由国际乒乓球联合会主办的国际乒乓比赛，从1980年起每年举办一届。

三、乒乓球硬件要求

（一）场馆设施

奥运会乒乓球比赛所要求的体育馆设施标准：

可容纳4张或8张球台的正式比赛场地，标准尺寸为8米宽，16米长，天花板高度不得低于4米；比赛区域还应包括比赛球台旁的通道、运动员、教练员座席、竞赛官员区域（裁判长、仲裁、技术代表等）、摄影记者区域、电子显示器以及颁奖区域等所需要的面积。

（二）器材规格

1. 球台

球台台面应为长方形，长2.74米，宽1.525米，高76厘米；台面可用任何材料制成，应具有一致的弹性，颜色为墨绿色或蓝色，无光泽；沿长边台面边缘各有一条2厘米宽的白色边线，沿宽边台面边缘各有一条2厘米宽的白色端线；双打时，各台区应由一条3毫米宽的白色中线，划分为两个相等的“半区”。

2. 球网装置

球网装置包括球网、悬网绳、网柱及将它们固定在球台上的夹钳部分；球网应悬挂在一根绳子上，球网高15.25厘米，台外凸出部分长15.25厘米；颜色与球台颜色相同。

3. 球

球为圆球体，呈白色或橙色，且无光泽。分为“有缝”和“无缝”两种工艺。国际乒联特别大会和代表大会决定，从2000年10月1日起，使用直径40毫米、重量2.7克的大球，取代38毫米小球。

自2014年7月1日起，乒乓球国际比赛不再使用沿用了123年的乒乓球制造原料——赛璐珞，改用安全环保的以高分子聚合物为原料的新塑料球，新球的直径标准由原来的39.50～40.50毫米上调到40.00～40.60毫米。2016年7月1日开始，赛璐珞球全面退出历史舞台。

四、乒乓球比赛规则

（一）比赛赛制

乒乓球比赛曾经长期实行21分制，最早甚至出现过100分制。现今，采取以11分为一局的七局四胜制（单项）或五局三胜（团体）。

比赛项目分为单项赛和团体赛，包括男子单打、女子单打、男子双打、女子双打、混合双打。

比赛的方法主要有循环赛和淘汰赛，有时也可将两种方法结合起来，称为混合制，如第一阶段采用小组循环，第二阶段采用淘汰赛或淘汰赛加附加赛。因为单淘汰赛能确定冠、亚军，但不能排出后面运动员的名次，用附加赛的方法让每一轮的胜者与胜者、负者与负者进行比赛，直到排出所有运动员的名次。

（二）发球规则

（1）选择发球、接发球和场地的权力应通过抛硬币选择正反面来决定。选对者可以选择先发球或先接发球，或选择在场地某一方。

（2）发球方在每发球2次之后，即成为接发球方，双方依此对换，直到该局比赛结束，或者直至双方比分都达到20分实行轮换发球法。

（三）合法发球

（1）开始发球时，发球员不执拍手的手掌张开伸平，球应自然地置于手掌上，保持球处于静止状态。

（2）发球员须用手将球几乎垂直地向上抛起，不得使球旋转，并使球在离开不执拍手的手掌之后上升不少于16厘米，在球下降到被击出前不能碰到任何物体。

（3）当球从抛起的最高点下降时，发球员方可击球，使球首先触及本方台区，然后越过或绕过球网装置，再触及接发球员的台区。在双打中，球应先后触及发球员和接发球员的右半区。

（4）队员发球时，有责任让裁判员或副裁判员看清他是否按照发球的规定发球。

（5）发球员如果明显没有按照发球的规定发球，将被判失1分，裁判员无须警告。

（6）击球时，球应在发球方的端线之后，但不能超过发球员身体（手臂、头或腿除外）离端线最远的部分。

（7）从发球开始，到球被击出，球和球拍应在比赛台面的水平面之上，而且不能被发球员或其双打同伴的身体或衣服的任何部分挡住。

（8）队员因身体伤病而不能严格遵守发球的某些规定时，必须在赛前向裁判员说明情况，得到裁判员允许后，可以免予执行某些规定。

（四）重发球

不予判分的回合如果出现下列情况中的任何一种，都应判重发球。

（1）发球员或同伴如果未准备好，而且接发球员或其同伴均没有企图击球时，球已发出；

（2）如果发球员发出的球，在越过或绕过球网装置时触及球网装置，此后成为发球或被接发球员或其同伴阻挡；

（3）裁判员或副裁判员暂停比赛；

（4）由于发生了灯光突然熄灭等运动员所无法控制的干扰因素，而使运动员未能发球、还击或未能遵守规则；

（5）在双打时，队员错发、错接球。

（五）合法还击

合法还击是指对方发球或还击后，本方运动员必须击球，使球直接越过或绕过球网装置，或触及球网装置后，再触及对方台区。

（六）1分

出现下列情况之一，运动员得1分（除被判重发球的回合）。

（1）对方运动员未能发球；

（2）对方运动员未能还击；

（3）对方击球后，该球没有触及本方台区而越过本方端线；

（4）运动员在发球或还击后，对方运动员在击球前，球触及了除球网装置以外的任何东西；

（5）对方运动员阻挡；

（6）对方用不符合规则的拍面击球；

（7）对方运动员连续两次击球（如执拍手的拇指和球拍连续击球）；

（8）对方运动员或其穿戴的任何衣物使球台发生了移动；

（9）对方运动员的不执拍手触及比赛台面；

（10）对方运动员或其穿戴的任何东西触及球网装置；

（11）在双打比赛中，对方运动员未能按正确的次序击球（除发球或接发球外）；

（12）其他未列举的对方违例情况。

（七）一局比赛

在一局比赛中，任何一方先得11分即判胜出；如果比分出现10比10平，则先多得2分的一方胜出。单打的淘汰赛采用七局四胜制，团体赛中的单打或双打采用五局三胜制。

（八）一场比赛

（1）一场比赛应采用七局四胜制或五局三胜制。

（2）一场比赛应连续进行，但在局与局之间，任何一名运动员都有权要求不超过2分钟的休息时间。

五、乒乓球运动基本技术

（一）握拍方法

1. 直拍

（1）弧圈型握拍法。拇指贴在拍柄的左侧，食指紧扣拍柄，形成一个小环状；其他三指在拍后自然弯曲顶住拍的中部。

（2）快攻型握拍法。拍前食指第二指节和拇指第一节在拍的前面呈钳形，拍柄贴住食指的第三指节处和虎口，其他三指自然弯曲重叠。

（3）削攻型握法。拇指弯曲，紧贴拍柄的左侧并用力下压，其他四指保持自然分开托住拍的后部。

2. 横拍

横拍握拍法跟握手相似。小指、无名指和中指自然弯曲握住拍柄，大拇指在球拍正面靠近中指，食指自然伸直，斜放于球拍背面。正手攻球时，食指向上移动一点；反手攻球时，拇指向上移动一点。

浅握时以中指、无名指、小指自然地握住拍柄，拇指紧贴在拍的正面，并紧挨中指，食指自然伸直斜放在拍的背面，虎口贴着球拍；深握时虎口紧贴球拍，其余动作和浅握基本相同。

（二）步伐和站位

1. 基本姿势

运动员在击球时保持正确合理的基本姿势，有利于加快步法的移动和提高击球的稳健性，并能充分发挥腿、腰、手臂以至全身各部位的协调配合。

（1）两脚分开与肩同宽。平行站立，两膝微屈稍内扣，前脚掌着地，脚趾轻微用力压地，脚后跟提起，重心置于两脚之间，身体保持平稳；

（2）上体微前倾、收腹；

（3）不持拍手臂自然弯曲置于身体左侧；持拍手臂自然弯曲，直握拍的肘部略向外张，球拍置于腹部右前方20～30厘米，手腕自然放松，拍头指向右斜前方，横握拍的肘部向下，前臂自然平举，手腕自然放松，拍头指向上方；

（4）下颏稍后收，两眼密切注视来球，准备还击来球。

2. 基本步法

步法移动是乒乓球运动员击球时动作的基本环节之一。乒乓球比赛不同类型的战术打法，基本步法会有变化，运动员应根据自己的战术特点选择基本步法。快速而灵活的步法移动在比赛中能争取主动，摆脱被动，并能扩大控制范围，充分发挥自己特长，以利于取得比赛的胜利。

乒乓球运动的基本步法包括单步、跨步、跳步、并步、交叉步、小碎步。

（1）近台快攻打法步伐。近台快攻分为直拍左推右攻和两面攻两种类型。运动员采取左推右攻打法时，一般站位近且稍偏左，经常左脚在前，右脚在后，左右小范围地移动较多，步法以跳步、跨步为主，同时结合单步、并步、交叉步等。

运动员采取两面攻打法时，站位近、稍偏左，两脚一般交替在前，常用单步闪开身体，进行忽左忽右的进攻，主要以单步和小范围的跨步为主。

（2）弧圈球型打法步伐。弧圈球型打法分为快攻结合弧圈打法和两面拉弧圈打法。运动员采取快攻结合弧圈打法时，站位离台较近，多以跳步、跨步为主；转为弧圈打法时，以交叉步、跳步为主，同时结合跨步等步法。

运动员采取两面拉弧圈时，站位一般稍离台，拉弧圈球时动作幅度比较大，移动的范围也较大，以交叉步和跳步为主要步法，同时结合跨步、换步、侧身步等。

（3）削攻型打法步伐。运动员采取削攻型打法时，站位一般离台较远，多在来球的下降期击球，时常需要及时进行攻守转换，移动身体的范围较大，在进攻时多以跳步和跨步为主，转入防守时多以交叉步和跳步为主。

3. 基本站位

运动员为充分发挥其技、战术特长，所采用的打法和个人身高不同，其站位方式也不同。

（1）直拍左推右攻打法的站位，运动员一般站在近台中间偏左，距台30 ~ 40厘米，左脚稍前于右脚，左脚位置基本处于球台左边线的延长线上；

（2）两面攻打法的站位，运动员一般站在近台中间位置，距台40 ~ 50厘米；

（3）弧圈型打法的站位，运动员一般站在中台偏左的位置，距台50厘米左右；

（4）横拍攻削相结合打法的站位，运动员一般站在中台附近，以削为主配合反攻打法基本站位在中台附近，距台约1米。

（三）发球技术

1. 正手发奔球

当持球手将球抛起后，持拍手向后引拍，前臂放松，使球拍顺势下降。当球下降到大约与网同高或稍低于网时，手臂迅速向左前方挥动，拇指压拍，拍面略向左偏。在球拍触球的瞬间，手腕向左上方抖动，使球拍从球的右侧向右侧上摩擦，确保球的第一落点靠近本方台面的端线。

这种发球球速急、落点长、冲力大，发至对方右大角或中左位置，对对方威胁较大。

2. 正手发平击球

两脚开立，左脚稍前，身体略向右转，左手掌心托球置于腹前右侧。左手将球向上轻轻抛起，同时右臂内旋，使拍面角度稍前倾，向身体右后方引拍。右臂从身体右后方向右前方挥动。当球降至网高时，击球中上部向左前方发力。手臂继续向左前方随势挥动，迅速还原。球击出后的第一落点在本方球台中区附近。

3. 发短球

发球时，手臂先向后上方引拍，往前的用力不要太大，可以加上回收的力量。抛球不宜太高，等球下降时击球，击球时，手腕的力量要大于前臂的力量，主要靠手腕和前臂摩擦发力。球离拍后的第一跳落在本方台面近网区。

这种发球可使球落到对方台面后的第二跳下不出台，使对方不易发力抢拉、冲或抢攻。

4. 正手发转与不转球

发旋转球时，左脚稍靠前，抛球时将拍引至肩高，拍面稍后仰，球下落时，手腕和前臂迅速向前下方用力摩擦球的中下部。这种球球速较慢，前冲力小，制造旋转变化去迷惑对方，造成对方接发球失误或为自己抢攻创造机会。

发转球时，拍面稍后仰，切球中下部；发不转球时，击球瞬间减少拍形后仰，并稍加前推的力量，使作用力线接近球心，形成不转球。

5. 正手发左侧上（下）旋球

发球时，站在中线偏左或侧身，将球轻轻抛起后，持拍手迅速向后上方引拍，身体随着球拍后引而向右扭转。发左侧上旋球时，手臂从右上方向左下方挥摆，击球瞬间手腕快速内收，球拍从球的正中向左上方摩擦；发左侧下旋球时，手臂则从右后上方向左前下方挥摆，拍面稍后仰，球拍从球的右侧中下部向左侧下部摩擦球。在球拍触球时，尽量加大由右向左挥动的幅度和弧线，能增加球的旋转。

6. 反手发右侧上（下）旋球

发球时，在球抛起后，持拍手向左后上方引拍。使拍面保持稍后仰，拍柄稍朝下。发右侧上旋球时，持拍手从左上方经身前向右下方挥摆，击球瞬间球拍从球的中部向右上方摩擦；发右侧下旋球时，持拍手由左后上方向右前下方挥摆，拍面稍后仰，击球瞬间拍面从球的左侧中下部向右侧下摩擦。发球落点以左方斜线长球配合中右近网短球为佳。

7. 下蹲发球

中国运动员较早使用下蹲发球方法，比较适合横拍选手。这种方式可以发出左侧旋球和右侧旋球，威胁较大，关键时候发出高质量的球，往往能直接得分。

发下蹲左侧上、下旋球时，运动员站在右中部向左上方位稍平，身体基本正对球台，从右后方向左前方挥拍。发下蹲右侧上、下旋球时，左脚稍前，身体略向右偏转，从左后方向右前方挥拍。

应注意抛球和挥拍击球动作的配合，发球动作要利落，以防在还未完全站起时已被对方抢攻，还应快速做半圆形摩擦球的动作。

8. 正手高抛发球

将球抛高后，待球下落与网同高或比网稍低并在近腰的中右处击球，尽量加大向内摆动的幅度和弧线。抛球高增大了球下降时对拍的正压力，使得球速快，冲力大，旋转变化多，着台后拐弯飞行。

（四）接发球技术

在乒乓球比赛中，如果接发球技术运用得好，不仅可以有效地控制对方，还可以直接得分。接发球技术主要包括点、拨、搓、拉、攻、侧、削、摆短、拉侧旋球等，接发球质量的高低往往取决于这些基本技术水平的高低。

在实战中，运动员往往综合运用上述各种技术，还要注意判断和步法移动两个要点。

1. 判断

（1）接球者根据发球者的站位来决定自己的位置。

（2）根据对方发球时挥臂动作的大小和身体的转动方向判断来球落点。

（3）根据来球的速度、飞行弧线、摩擦力及落台后的力量来判断来球旋转的方向、强度、力量等，然后迅速决定用推挡、搓、削、拉抽等接球的方法。

2. 步法移动

在对对方的发球做出明确的判断后，就要快速移动步法，选择适宜的位置，准备击球。

（1）接正手位短球的步法。一般用单步接短球，先把重心移到左脚，右脚迎来球方向向右上方插一步。

（2）接中间位短球和反手拉短球的步法。基本与接正手位短球的步法一样，只是在重心交换到左脚的同时，左脚向左侧前方移一小步，身体稍向右转动，然后用“以短回短”或快攻、搓等方法回接。

（3）接长球的步法。一般采用并步；如果来球的角度不大，可用单步。来球的角度大或速度较快时，可用交叉步、跨步、跳步等。

（五）推挡球

推挡球是我国直拍快攻打法的核心技术之一，其站位近、动作小、速度快、变化多的优势，快速推挡结合力量、落点及旋转的变化，可有效控制和调动对方，为正手攻球和侧身抢攻创造有利的条件。

推挡球可分为快推、加力推、推下旋、挡球、减力挡、快挡等技术动作。

（1）快推

上臂、前臂适当后撤引拍，当来球进入上升期后，持拍手臂迅速迎前，击球瞬间手臂稍外旋配合手腕外展动作，让拍面触球的中上部，手臂主要向前发力并向上做辅助性发力。

（2）加力推

前臂提起，上臂向后收，让肘部贴近身体，当来球在上升后期或高点期击球。击球时应用中指顶住拍背向前用力，同时还要用伸髋和转腰动作带动手腕发力。

（3）推下旋

拍面要保持稍后仰，当来球处于高点期或下降前期击球，以拍中下部接触球，向前下方用力，主要以前臂发力。

（4）挡球

前臂与台面平行伸向来球，当来球处于上升期，击球的中部，借助对方来球的反弹力将球挡回。击球时拍形应与台面接近垂直，击球后迅速收回球拍，还原为击球前姿势。

（5）减力挡

在球拍击球的一刹那，手臂前移动作要骤然停止，并根据来球的力量和上旋强度的大小及时调节拍形角度，把球拍轻轻后移，用以减轻球的反弹力。

（6）快挡

正手快挡时，前臂先稍向右移动。如挡直线球，在球弹起时，前臂主动向前迎球，拍稍竖起，拍面对着对方左角，当来球处于上升期时，拍形稍前倾，击球的中上部；如挡斜线球，手腕稍内转，拍形对着对方右角，击球的中上部；反手快挡时，前臂自然弯曲，击球前拍稍后移。

（六）攻球

攻球力量大、速度快、攻击力强，被运动员视为比赛中争取主动、克敌制胜的重要武器。

1. 正手攻球

正手攻球是指在击球方式上以撞击为主的进攻性技术，属于乒乓球的主要进攻技术。

以右手持拍为例，其动作要领包括：近台中偏右站位左脚稍前，身体斜对球台，准确判断来球，引拍时，身体重心右移，向后下方引拍，右肩随转腰略下沉，向左前上方挥拍，撞击来球的中上部，在来球的高点期击球，注意拍面略向下，以降低来球的弧度，身体重心由右脚转移到左脚，然后注意还原。

正手攻球的重难点在于手臂、腰部、腿的协调发力。

2. 反手攻球

站位近台右脚稍前，重心偏于左脚，持拍手自然弯曲置于腹前偏左，顺来球线路向后引拍。当球从台上弹起，持拍手由左后向右前上加速挥拍，前臂发力为主，手腕外转，拍面前倾，重心移至右脚，左右胸前击球上升时期的中上部。反手攻球有它的独到之处，比如反手远拉、反手快拨等。无论是横拍选手还是直拍选手，如果能灵活运用正手和反手攻球技术，无疑可以增强在比赛中的进攻能力。

（七）搓球

搓球是近台还击下旋球的一种基本技术，也是削攻类打法的入门技术。比赛中用搓转与不转、快搓与慢搓等变化为突击起板和拉弧圈球创造进攻的有利条件。搓球技术包含快搓、慢搓、搓不转球、搓侧旋球等技术。

1. 快搓

近台站位，左脚稍前，在来球上升前期击球。击球前拍面应稍后仰，击球时手臂要迅速前伸迎球。当来球下旋强时，用拍面触球的底部，向前用力大些；当来球下旋较弱时，用拍面触球的中下部，向下的用力稍大些。

2. 慢搓

近台站位，左脚在前，身体微向右转。击球时，将前臂和手腕向前下方用力搓球，并配合转腕的动作，拍形后仰，击球的下降期，击球的中下部；反手慢搓的站位是右脚在前，先向左上方引拍。

（八）削球

削球技术是一项以防守为主、防中有攻的技术。削球往往是为进攻创造条件的。削攻型选手依靠灵活的步伐、扎实的削球功力，配合适时的进攻，具有很强的杀伤力。削球技术主要包括正手近削、正手远削。

（九）弧圈球

弧圈球技术是一种充分利用力量和球的旋转、攻击强的技术，是当今世界乒坛一种主要打法。双脚分开，膝盖内收微屈，左脚向前，身体稍右转，手腕外展，向后拉，球拍呈水平姿势。当来球跳至高点期或落地前期，触球中部或上部，腰部和臀部带动上臂和前臂从后方向前摆动，立即将球击向前方和上部，右脚内侧用力蹬动，重心从右脚转移到左脚。

第五节 羽毛球运动

一、羽毛球运动发展简史

羽毛球运动（Badminton）是一项室内运动项目，比赛时隔着球网，双方使用长柄网状球拍击打用羽毛和软木制作而成的一种小型球类。羽毛球比赛在长方形的场地上进行，场地中间有网相隔，双方运用各种发球、击球和移动等技战术，将球在网上往返对击，争取不使球落在本方有效区域内，或使对方击球失误。

一般认为，14—15世纪，日本就出现了羽毛球运动的雏形。当时的球是由樱桃核插上羽毛做成，球拍为木质。这样的“羽毛球”坚固性较低，飞行速度缓慢，不久就慢慢消失了。到18世纪时，印度的蒲那城出现一种游戏，以绒线编织成小球形，上插羽毛，人们手握着木拍，隔网将球在空中来回对击，这种球类游戏非常类似现在的羽毛球活动，当时被称作“蒲那”。这便是现代羽毛球运动的雏形。

现代羽毛球运动形成于英国。19世纪60年代，一批英国退役军官从印度孟买带回“蒲那”游戏。1870年，英国人开始用软木头和羽毛的组合进行了球拍的研究。1873年，英国明顿镇的庄园草地上挂上网状栏杆，进行了羽毛球运动。1877年，第一本羽毛球比赛规则在英国出版，为现代羽毛球运动规则奠定了基础。从此之后，羽毛球的运动便在英国流行起来。

1893年，在英国出现了一些羽毛球俱乐部，并成立了第一个羽毛球协会，规定了场地的要求和运动的标准。1899年，英国羽毛球协会举办了第一次羽毛球锦标赛。

1910年，现代羽毛球运动传入中国。

1934年，由丹麦、爱尔兰、荷兰、新西兰、加拿大、英国等国在英国伦敦举行了联合会议，成立了国际羽毛球运动最高组织机构——国际羽毛球联合会。

1939年，国际羽联通过了各会员国共同遵守的第一部《羽毛球规则》。

中国羽毛球协会于1958年9月11日在武汉成立。

20世纪70年代，我国羽毛球队已跻身于世界强队之林。

1981年5月，国际羽毛球联合会重新恢复了中国在国际羽联的合法席位。此时期，中国羽毛球运动突飞猛进，已堪与世界先进水平相媲美。

1992年，在巴塞罗那奥运会上，羽毛球被列为正式比赛项目。

1996年，在亚特兰大奥运会上，增设了混合双打比赛项目。至此，羽毛球项目金牌总数增至5块。

2005年，国际羽联总部搬至吉隆坡。

2006年，国际羽毛球联合会的正式名称更改为羽毛球世界联合会（BWF），即世界羽联。同年，正式实施羽毛球新规则，并在该年汤姆斯杯和尤伯杯赛中首先采用。

2023年5月30日，BWF官方宣布，“旋转发球”的禁令延长至2024年巴黎奥运会结束后。而在此前进行的苏迪曼杯赛中，就禁止运动员使用旋转发球。

二、羽毛球重要赛事

（一）国际奥林匹克运动会羽毛球比赛

在1988年举行的汉城奥运会上，羽毛球被列为表演赛并取得成功。

（二）苏迪曼杯赛

1988年，国际羽联决定混合团体赛与单项世界锦标赛在同一时间和地

点举办，同时将苏迪曼杯作为混合团体赛的冠军奖杯，每 2 年举行一届，逢单数年为苏迪曼杯赛，双数年是汤姆斯杯、尤伯杯赛。

苏迪曼杯赛采用五场三胜制，由男子单打、女子单打、男子双打、女子双打和混合双打5个项目组成。比赛还采取了升降级制，即每级最后一名降至下一级，而下一级第一名晋升到上一级。只有参加A级比赛的6个队有资格争夺冠军。

（三）世界羽毛球锦标赛

世界羽毛球锦标赛是继汤姆斯杯、尤伯杯赛后个人单项羽毛球锦标赛。1988年，国际羽联决定世界羽毛球单项锦标赛与新设立的苏迪曼杯赛同时同地举行。

从1985—2005年，世界羽毛球锦标赛每 2 年举行一届；自2006年起，改为 1 年一届，但每到奥运会举办的年份，锦标赛为奥运会羽毛球比赛让路。

（四）中国羽毛球大师赛

比赛级别仅次于奥运会和世界锦标赛，是世界羽联超级系列赛之一，世界羽坛的第三大顶级赛事。

超级系列赛全年共有12站比赛。2018年开始，中国常州大师赛提档升级为世界羽联第二级别赛事，与全英公开赛和印度尼西亚公开赛同属于巡回赛SUPER1000，总奖金100万美元，赛事更名为“中国羽毛球公开赛”。

三、羽毛球硬件要求

（一）球场

羽毛球球场呈长方形，长13.40米，单打场地宽5.18米，双打宽6.10米。球场各线宽均为4厘米，丈量时要从线的外沿算起，各条界线用白色、黄色或其他易于辨别的颜色画出。

羽毛球比赛场地一般是用弹性木材拼接而成，国际比赛已采用化学合成材料做成可移动的球场。

（二）球网

羽毛球球网用深色优质的天然或人造纤维细绳制成，网长6.10米，宽76厘米。网的上沿缝有75毫米宽的双层白布，把细钢丝绳或尼龙绳从白布夹层穿过，然后牢固地张挂在两根网柱之间。球场中央网高1.524米，球网两端高1.55米。

（三）球

每一个羽毛球重4.6～5.5克，羽毛从托面到羽毛尖的长度应一致，羽毛长64～70毫米，应有16根羽毛固定在球托部，羽毛顶端围成圆形，直径为58～68毫米，球托直径25～28毫米，底部为圆形。如果羽毛球是非羽毛制成，则要求制成裙状，性能和质量不得超过10%的差距。

（四）球拍

羽毛球球拍以拍弦穿过框架十字交叉或以其他形式编织而成，拍面应为平面，不允许有附加物和凸出部。包括拍柄在内，球拍的框架总长度不超过680毫米，宽不超过230毫米。球拍框一般为椭圆形，长度不超过290毫米，弦面长不超过280毫米，宽不超过220毫米。

四、羽毛球比赛的方法与规则

（一）比赛的方法

1. 比赛项目

男子单打、女子单打、男子双打、女子双打、混合双打、男子团体、女子团体。

2. 计分方法

（1）每场比赛采取三局两胜制。

（2）比赛开始前，双方选手通过投掷硬币方式确定其中一方选择先发球或后发球。

（3）采用21分制，即双方分数先达21分者胜。一局中如果双方打到了

20比20平，一方领先2分即算该局获胜；如果双方打成了29平，一方领先1分，即算该局取胜。

（4）得分方有发球权，如果本方得单数分，从左边发球；得双数分，从右边发球。取消（单打）后发球线。在第三局或只进行一局的比赛中，当一方分数首先到达11分时，双方交换场区。

（5）现在的新制度中每球得分，并且除地板湿了、球打坏了等特殊情况，球员不可提出中断比赛的要求。每局如果一方以11分领先时，比赛进行1分钟的技术暂停，让比赛双方进行擦汗、喝水等。

（二）比赛中的站位

1. 单打

（1）发球运动员的分数为单数时，双方运动员均应在各自的左发球区发球或接发球。

（2）发球运动员的分数为0或双数时，双方运动员均应在各自的右发球区发球或接发球。

（3）当球发出后，双方运动员就不再受发球区的限制，可以自由击到对方场区的任何位置，运动员的站位在己方场区的界内或界外都被允许。

2. 双打

（1）一局比赛开始和获得发球权之后，发球员都应从右发球区开始发球。

（2）只有接发球员才能接发球。如果他的同伴去接球或被球触及，发球方得1分。每局开始，首先接发球的运动员，在该局本方得分为单数时，则应在左发球区接发球或发球；如果得分为0或双数时，都必须在右发球区接发球或发球。

（3）运动员不得有发球和接发球的错误，或在同一局比赛中有2次发球。

（4）任何一局的本方发球员失去发球权后，由该局首先发球员发球，然后首先发球员的同伴发球，接着由他们的对手之一发球，然后再由另一对手发球，如此传递发球权。

（5）球发出后就不再受发球区的限制了。运动员可在本方场区自由站位和将球击到对方场区的任何位置。

（6）一局胜方在下一局先发球，可任选一运动员发球，负方中任一运动员可先接发球。

（三）合法发球

（1）无论哪一方获得了发球权时，都不允许非法延误发球。

（2）发球员的球拍必须连续向前挥动，直至将球发出。

（3）发球员的球拍必须先击中球托。与此同时，整个球必须低于发球员的腰部。

（4）发球员和接发球员都必须站在斜对角线发球区内发球和接发球，脚不能触及发球区的界线；两脚必须都有一部分与地面接触，不得移动，直至将球发出。

（5）击球瞬间球杆应指向下方，从而使整个拍头明显低于发球员的整个握拍手部。

（6）发出的球必须向上飞行过网，如果不受拦截，应落入接发球员的发球区。

（四）交换场地

出现下列任一情况，运动员应交换场地；如果未交换场地，一经发现立即交换，已得分数有效。

（1）第一局结束；

（2）第三局开始；

（3）第三局中或只进行一局的比赛进行至一方达到11分时。

（五）违例细则

（1）发球员发球时未击中球。

（2）发球不合法违例。

（3）发球时，球过网后挂在网上或停在网顶。

（4）界外球：

① 球落在球场边线外（单打的边线，是边界里面一条；双打的边线是最外面一条）；

② 球不过网；

③ 球从网孔或从网下穿过；

④ 球碰到运动员的身体或衣服；

⑤ 球碰屋顶、天花板或四周墙壁；

⑥ 球碰到场地外其他人或物体。

（5）比赛时，球拍或球的最初接触点不在击球者网的一方。

（6）比赛时，运动员喊叫、故作姿态等故意分散对方注意力的任何举动。

（7）球网附近的违例：

① 运动员的球拍或身体以任何程度侵入对方场区；

② 运动员的球拍、身体或衣服触及网或网的支持物；

③ 如阻挡对方紧靠球网的合法击球等妨碍对手行为。

（8）运动员违反比赛连续性的规定。

（9）连击违例：

① 击球时，球夹在或停滞在拍上紧接着又被拖带；

② 同一方两名运动员连续各击中球1次；

③ 同一运动员两次挥拍连续击中球2次；

④ 球碰球拍继续向后场飞行。

（10）运动员行为不端。

（六）死球

（1）球触及地面。

（2）球撞网或网柱后开始在击球者一方落向地面。

（3）球撞网并挂在网上，或停在网顶。

（4）“违例”或“重发球”已被宣报。

（七）重发球规则

（1）发球时，发球员和接发球员同时违例；

（2）除发球外，球挂在网上或停在网顶；

（3）比赛进行中，球托与球的其他部分完全分离；

（4）发球员在接发球员未做好准备时发球；

（5）遇到不能预见或意外的情况；

（6）司线员未看清球的落点，裁判员也不能做出决定时；

（7）重发球时，最后一次发球无效，原发球员重发球。

（八）赛中休息

（1）当一方在比赛中得到11分后，双方队员休息1分钟。

（2）两局比赛之间的休息时间为2分钟。

第六章　时尚运动项目

第一节　健美操

一、健美操概述

（一）健美操的概念

健美操是一项广泛普及、深受大众喜爱的，汇集了体操、舞蹈、音乐、健身、娱乐等多种体育和艺术形式的体育运动项目。健美操中吸收了霹雳舞、爵士舞、迪斯科舞中的许多肢体动作，特别是髋部动作，使健美操动作活力四射，有助于降低体脂，改善动作的协调性和灵活性，尤其为女性所青睐。

（二）健美操的锻炼价值

1. 全面、均衡性地健身

编排健美操的动作时，考虑到了从上到下、从左到右，小到指关节、大到髋关节的动作的均衡性和对称性，练习一套健美操，可使全身各个部位得到全面、均衡的锻炼。

2. 改善健康状况

健美操动作遵循了人体运动的生理规律，负荷由小到大、动作由简到繁、强度由弱到强，当达到和保持一定运动负荷后再逐步减小，有利于改善和提高心血管系统、呼吸系统、消化系统和内脏器官的功能。

3. 改善肌肉和关节的功能

人们随着音乐节拍做健美操，可使相关肌肉群、关节和骨骼得到有节奏的自身负荷锻炼，可以改善身体各部位肌肉纤维和关节组织的耐力、速度和灵活性，提高骨骼的抗弯曲和扭转的能力。

4. 有益于心理健康

现代社会生活节奏越来越快，竞争越来越激烈，人们普遍感受到较大的心理压力，经常从事健美操活动，容易建立积极的人生观和世界观，改善精神状态，从而有益于心理健康。

二、健美操的分类

根据健美操的运动目的和任务，以及发展趋势，可将健美操分为健身健美操、竞技健美操和表演健美操三大类。

（一）健身健美操

健身健美操也称为大众健美操，是一种群众性的既能健身又具娱乐功能的体育运动。健身健美操种类极其繁多，根据不同的需要，大致可以分成三大类。

（1）按年龄阶段需求，分为老年健美操、中年健美操、青年健美操、少年健美操、儿童健美操等。

（2）按练习形式不同，分为持轻哑铃、花球、花环、绳、手鼓等器械健美操、专门器械健美操（比如垫上健美操、踏板健美操等）和徒手健美操。

（3）按目的和任务需求，分为减肥健美操、活力健美操、形体健美操、热身健美操、跑跳健美操、姿态健美操、节奏健美操等。

（二）竞技健美操

根据一定的规则要求组编的一套具有较高艺术性、动作负责且难度较大、以取得优异成绩为主要目的的健美操，包括男子单人、女子单人、混合双人、三人（不限性别）、团体操、有氧舞蹈、有氧踏板、啦啦操等。

（三）表演健美操

表演健美操是具有较强的观赏、娱乐性的体育节目。是以表演为主要特征的体育运动。这种健美操用于表演时可不受规则的限制，主要展示自己的价值和魅力，满足人们陶冶情操、净化心灵、促进健美操活动的需求。

三、健美操的基本动作

（一）手型

健美操大量借鉴爵士舞、芭蕾舞、西班牙舞、迪斯科、武术等体育运动的手型，加以吸收和改进，创造了多种手型。在一套健美操中，通过手型的多样变化，不仅可以使手臂的动作更加丰富多彩、生动活泼，而且有助于增强动作的力量性以及美感。

健美操的常用手型有以下几种。

1. 掌

（1）并掌

五指伸直，相互并拢，大拇指微屈，拇指关节贴近食指。

（2）分掌

五指用力伸直，充分张开。

（3）花掌

在分掌的基础上，小指伸直向掌心往回弯曲到最大限度，无名指随小指往回弯曲。

2. 拳

（1）实心拳

握紧拳头，拇指在外，指关节弯曲，紧贴于食指和中指。

（2）半握拳

3. 其他手型

（1）芭蕾手势

五指微屈，后三指并拢，稍内收，拇指内扣。

（2）剑指

小指和无名指弯曲，贴紧掌心，中指和食指伸直，大拇指弯曲，贴在小指和无名指上。

（二）身体其他部位的基本动作

1. 头颈动作

基本动作形式包括屈、转、平转、绕及绕环等，比如向前的、向后的、向左的、向右的屈和平移，向左的、向右的转和绕、绕环。

2. 肩部动作

基本动作形式包括单肩的、双肩的提肩和沉肩，收肩和展肩，单肩的、双肩的绕和绕环，振肩；方向包括向前的、向后的绕及绕环。

3. 胸部动作

基本动作形式包括含胸、展胸、移胸等。

4. 上肢动作

基本动作形式包括举、摆、屈伸、绕、绕环、振、旋等。

举的动作指以肩关节为轴，臂的活动范围不超过180°而停止在某一部位的动作。包括双臂和单臂的前、后、侧、侧上、侧下举。

屈指肘关节产生一定的弯曲角度，包括胸前屈、胸前单屈、肩下侧屈、肩上侧屈和头上屈、头后屈。

绕及绕环的动作指单臂和双臂向内、外、前、后做180°以上360°以下的弧形运动。

振的动作指以肩为轴，臂用力摆至最大幅度，包括上举后振、下举后振、侧举后振。

旋的动作指以肩或肘为轴做臂旋内或旋外的动作。

四、健美操的基本步法

（一）踏步

踏步是一种传统的低强度步法，动作要点是两腿原地依次抬起，交替落地。要求脚尖先落地，从脚尖过渡到脚后跟，形成缓冲。

做踏步时，上体保持正直，收腹立腰，抬腿时腿屈于体前，落地时，踝、膝、髋关节依次有弹性地进行缓冲。

（二）弹踢腿跳

一只腿先跳起，落地时屈膝缓冲，上体保持正直，另一只腿先屈膝，后屈至臀部，然后向前下方弹踢伸直腿部。

平时可单手扶把（扶墙）练习擦地；原地练习弹踢腿，体会小腿的制动，绷直脚面。

（三）后踢腿跑

后踢腿跑属于强度较高的动作，动作要点是一只腿跳起落地，另一只腿的小腿极大限度向后屈膝踢起，要求髋和膝在一条直线上；两腿经腾空后依次落地，先脚尖落地，从脚尖过渡到脚后跟，形成缓冲。

做此动作时，要求上体保持正直，摆动腿极大限度地屈向臀部，保持膝、踝弹动有力。

（四）吸腿跳

一只腿跳起落地，另一只腿屈膝向上抬起，小腿垂直于地面，脚尖绷直，大腿高度不低于腰部。

做此动作时，上体应保持正直；另一只腿屈膝抬起时，支撑腿应伸直；摆动腿尽可能靠近胸部，小腿自然垂直于地面，脚面绷直。

摆动腿高度的不同，动作的强度也不同。

（五）踢腿跳

一只腿跳起落地，另一只腿直膝向前或向侧加速上踢，先落地的支撑腿可轻微弯曲。

做此动作时，直腿高踢，脚尖绷直，脚尖应高于肩部，上体保持正直。平时在进行练习时，踢腿高度不需要很高，但要有控制。

（六）弓步跳

上体正直，并腿跳起，然后两腿前后分开呈弓步，两脚尖向前并平行，脚后跟可以不着地，重心在两腿之间。

做此动作时，应注意落地时膝、踝关节的缓冲，两脚尖向前并平行。

（七）开合跳

由并腿跳起成分腿落地，分腿时，髋部外开，屈膝缓冲，然后再跳起并腿落地，脚可平行落地或外开落地。

做此动作时，并腿跳起成分腿落地时，两脚自然分开稍宽于肩，膝关节自然弯曲缓冲；起跳应有力，落地应缓冲，身体在空中有控制。

五、健身健美操的创编原则

（一）全面性原则

健身健美操的根本宗旨，原本就是为了全面锻炼身体，所以，在创编新的成套的健身健美操动作时，应尽可能充分调动整个机体参与运动，使身体各部位的肌肉、关节、韧带及内脏器官得到全面锻炼。

常见的成套健身健美操的动作会调动全身各部位运动，每个部位的动作应尽可能全面丰富，比如头颈的屈、伸、转、绕、绕环，躯干的屈、伸、转、绕、绕环、倾，髋部的顶、提、摆、绕、绕环，上肢的屈、伸、举、摆、振、绕、绕环，下肢的屈、伸、举、摆、踢及各种走、跑、跳等动作。

作为一项体育运动，健美操的动作也是具有时间和空间的维度，其空间的方向、路线、幅度、力度的丰富变化，会大大提高锻炼的效果。所以，创编健身健美操时，应兼顾动作的左右、上下、斜向、前后等方向变化，动作路线搭配长短和曲直，动作的力度、幅度、速度也应有不同变化。

（二）合理性原则

在编选健身健美操的动作时，应编选恰当的动作，合理设计动作顺序，合理安排运动负荷。

编创健身健美操的动作，必须遵循有益于健身的原则，在不同节操中，可以安排不同的锻炼侧重点。

一套完善的健身健美操的动作顺序，一般分为三部分。第一部分预备动作，包括脊柱伸展及深呼吸；第二部分主体动作，包括若干身体部位的运动，一般从头或脚部开始，逐渐过渡到肩、胸、腰、髋及整个上下肢和躯干运动；第三部分属于整理动作，对全身进行放松和调整，使心率逐步恢复到安静状态。

一套健身健美操通常时长为3～4分钟，像专门健身中心的健美操时长可能达到30分钟至1小时，可以根据不同的情景和健身指标区的要求，科学安排运动负荷。

（三）针对性原则

如果需要练就正确的身体姿态而创编形体操，就应选择比较规范的动作和造型、较系统地设计整个套路；如果需要防治颈椎病而创编医疗保健操，就应侧重设计头颈动作，配以身体其他部位动作的全方位的运动；如果需要发展下肢力量而创编素质练习操，就应重点设计走、跑、跳跃之类的动作，并变换节奏、速度以调节运动负荷。

此外，还应根据练习健身健美操人士的年龄、性别、职业、身体状况、运动水平、文化层次的不同，创编不同内容、风格、难度、速度及运动负荷的健身健美操动作。

（四）艺术性原则

健美操具有身体锻炼和艺术美感的双重属性，所以，在创编健身健美操时，还应遵循艺术性原则。

在音乐方面，应选配旋律优美，节奏鲜明、强劲、规整，速度适中的音乐，以使音乐与操的风格统一，能尽量体现健美操的美与力，激发编操者的创作灵感和练习者的锻炼激情。

在动作的艺术性方面，动作风格要求统一和谐，设计的动作语汇应丰富新颖、富有特色。

六、健身健美操比赛规则

（一）比赛内容

符合比赛规则及规程要求的自编成套健美操运动。

（二）比赛时间

由动作开始到动作结束2.5～3分钟。

（三）比赛音乐

（1）比赛音乐须由参赛选手或参赛队自备。

（2）音乐速度应控制在健美操动作每10秒对应22～26拍。

（3）选手自编的成套动作允许2×8拍的音乐前奏，但在成套动作结束时音乐应同时停止。

（四）比赛场地

比赛场地为10 米×10 米的地板或地毯，标记带宽5 厘米，颜色为红色或黑色，标记带也属于比赛场地的一部分。

（五）着装与仪容

参赛选手应穿着适合运动的专业健美操服和运动鞋，着装整洁、美观、大方；不允许佩戴皮带、飘带、花边等悬垂饰物；女选手的头发须梳于脑后，头发不得遮住面部，允许化淡妆。

（六）比赛程序与计分方法

1. 比赛程序

健美操比赛由预赛和决赛构成。凡参赛选手或参赛队均须参加预赛，预赛前八名进入决赛，不足八名时，递减一名录取。

2. 计分方法

比赛中以得分高者排名列前；如果遇到得分相同，将按照艺术分高者名次列前；如果再相同，则并列名次，紧接的下一名次空缺。

3. 裁判组的组成

裁判组由1位裁判长人、3～5位艺术裁判、3～5位完成裁判、2位视线裁判以及若干辅助裁判组成。

4. 评分方法

（1）裁判员评分精确到0.1分，选手或参赛队得分精确到0.01分；所有得分公开。

（2）成套健美操动作总分为20分，包括艺术分10分和完成分10分。各组裁判员评分中，去掉最高分和最低分，所剩分数或所剩分数的平均分为选手或参赛队的艺术分或完成分，两种得分相加得出总分。如有裁判长减分，则应从总分中扣除。

第二节 轮滑运动

一、轮滑运动发展简史

轮滑运动（Roller skating）是穿着带滚轮的特制鞋在坚硬的地面上滑行的体育运动项目。汉化版本有多种别名，如滚轴溜冰、旱冰、溜冰、滑冰等，现在正式名称统一为轮滑。

轮滑运动最早起源于欧洲，公元1100年，欧洲人利用骨头装在长皮靴脚掌上做成原始的溜冰鞋，帮助猎人在冬天打猎时能快速移动。1700年，一位苏格兰人制作出了世界上第一双溜冰鞋。他突发奇想，在夏天也像冬天那样溜冰，于是把敲钉的线轴长条木附在他的鞋子上。这一年，在爱丁堡成立了第一家溜冰俱乐部。

1760年，一位伦敦乐器制造商约瑟夫·梅林决定给自己制造一双金属有轮子的长靴，去参加化装舞会。于是，梅林制作了世界第一款直排轮滑鞋。舞会那天，梅林从入口进去，准备演奏小提琴给舞会伴奏，但因为那鞋子做得太粗糙，无法自由停止，他一下子撞向了一面镜子，撞得头晕目眩，人被严重割伤，小提琴也毁损了。更倒霉的是，因为当时的镜子比金子还贵，他赔不起那面镜子。据说，直到这舞会结束，梅林仍然没有学会该如何刹车停止和掌舵方向。

1819年，法国发明专利中记载了第一双单排轮滑鞋（两只脚各有2～3个轮子组成一排），但后来并没有达到预期的满大街流行，最终不了了之。1823年，英国伦敦的约翰·罗伯特设计出了两脚各有5个轮子的单排轮滑鞋“Rolito”，但这种轮滑鞋也没有引起什么反响。

1863年，美国人詹姆士发明了第一双接近现在标准的双排轮滑鞋，4个轮子分前后两组，由两个轴串起2个轮子；4个轮子上的轴承可以使轮子很稳定地转动，可以做转弯、前进和向后的各种动作。事实上，这可算是现在妇孺皆知的旱冰鞋的原型。

1884年，人们发明了滚珠轴承的轮子，这大大助力了轮滑运动的蓬勃发展。

1892年，国际轮滑联盟（International Skating Union，ISU）在瑞士成立，轮滑运动开始向正规化、国际化发展。

1924年4月1日，在瑞士蒙特勒，英国、法国、德国、瑞士四国代表成立了国际轮滑联合会，宣告了国际性轮滑运动的正式诞生。

第一届欧洲轮滑锦标赛于1926年举办。

1980年，美国明尼苏达州两位热爱冰球的兄弟，为了在球季之余能够继续练习，便将轮子装在刀底座之内，制成了一双单排轮滑鞋。这种轮子排列成一条直线的溜冰鞋正式的学名为In-LineSkate，这个名称一直沿用至今。

1984年，国际飞轮业界领导品牌Rollerblade Inc. 开始研发各种不同用途的轮滑鞋。1994年，该公司在轮滑鞋中引入ABT简易刹车系统，研制出了后来的单排轮滑。单排轮滑运动，现在不光只限于专业曲棍球运动员的项目，坊间普通人也十分喜欢。

在1992年举行的巴塞罗那奥运会上，双排轮滑组别的轮滑球成为正式比赛项目。1995年举行的ESPN第一届极限运动会上，特技单排轮滑运动正式亮相。

美国人最早推出特技单排轮滑运动，所用的特技鞋是在单排轮滑附加了许多配件。这一改进，使单排轮滑更好玩，也更刺激。

在2010年举行的广州亚运会上，花样轮滑运动成为正式竞赛项目。

国内轮滑领域起步较晚，没有经过长时间的系统化发展，其结果导致项目不完善，以至于国内玩家仅仅偏向于直排轮滑，对双排轮滑认识不完整，双排轮滑运动已大大落后于世界潮流。

二、轮滑运动的分类

（一）花样轮滑

花样轮滑借鉴了花样滑冰的表现形式，是亚洲运动会的正式比赛项目。花样轮滑也是所有观赏性轮滑项目的根源。

由于内陆地区的冰刀运动场地不像寒冷地区那样几乎一年四季都有，早先，为了能让花样滑冰选手在无冰的情况下也能够训练，将运动器材改为双排轮滑鞋，代替冰刀继续发展这项运动，这就成为一项独立的国际级别的赛事。花样滑冰用冰刀，在冰面上滑行；花样轮滑用四轮旱冰鞋，在木地板上做出优美的动作。两者看起来相似，却有着诸多不同之处。双人滑包括短节目和长节目，舞蹈包括创编舞、规定舞和自由舞等，上述节目也成了花样轮滑运动的节目。

国际滑冰联盟负责为国际比赛制定规则、进行评判。

运动员进行花样滑冰比赛，穿着脚底装有4个并排轮子的轮滑鞋，在不小于50米长、25米宽的木质场地上，依靠自身力量在地板上滑行，表演预先编排的各种难度的技术动作，由裁判组根据动作的难易程度、舞姿的优美程度评估打分，然后排出名次，确定胜方。按选手水平高低与参赛范围，花样轮滑分为从地区赛、全国赛到国际赛不同的规模与从初学者到奥运会不同的级别。

（二）自由式轮滑

自由式轮滑包括Slalom（平地花式，简称平花）和花式刹停两个子项目。自由式轮滑中最有代表性的是平地花式，平地花式包括花式绕桩和速度过桩。

平地花式的鼻祖当推世界轮滑皇帝圣巴斯蒂安。圣巴斯蒂安以障碍滑雪为灵感基础进行动作创编，再加上轮滑特有的元素，慢慢发展成了现今的平地花式。

休闲轮滑也可归类到自由式轮滑。这种轮滑运动就是俗称的刷街，时尚潮人穿着轮滑鞋穿梭于城市大街小巷，好不轻松、自由和自在。

（三）速降轮滑

速降轮滑是一种类似速滑的相对较刺激的轮滑形式。速降者在佩戴好全套护具之后，一般选择在比较陡峭的公路或山路进行，沿着倾斜路面飞速滑下，感受风驰电掣般的刺激。

速降轮滑分为两个组别，双排轮滑组别和单排轮滑组别，还有衍生项目障碍速降和速降轮滑，是极限运动中非常有代表性的运动项目，所使用的轮滑鞋都是特制轮滑鞋。这两个组别分别拥有各自的锦标赛，但也可以和速降滑板、速降三轮车、速降车混合比赛。

（四）轮滑球

轮滑球是一项不直接接触球的运动，被誉为轮滑项目的最高境界。该项运动起源于1896年的英格兰。尽管轮滑曲棍球起源于英格兰，但这项运动在一些拉丁语系国家如西班牙、葡萄牙和阿根廷更加流行。这些国家都成立了职业俱乐部。

轮滑球运动已通过国际奥委会的承认成了世界赛事之一，1992年的巴塞罗那奥运会，作为唯一的奥运会轮滑项目，双排轮滑组别的轮滑球运动展现在世人面前。双排轮滑球赛使用的是真正的圆球，而单排轮滑球赛使用的是球饼。轮滑球比赛中，双方各上4名场上队员和1名守门员，队员都穿着双排轮或单排轮轮滑鞋。

（五）轮舞

轮舞分为Jam Skating和JB Skating。

1. Jam Skating

Jam Skating是双排轮滑结合Hip-hop、Breaking、 Locking、Popping、Free style等舞种成为一种新兴的潮流街头文化，20世纪70年代，在美国随着迪斯科的兴起而盛行。

20世纪80年代，Jam Skating吸收了美国街头文化元素，又逐渐加入拉丁舞、现代舞、芭蕾舞等各类舞蹈。后来更是花样百出，Jam Skating融合了印度瑜伽、巴西战舞、墨尔本曳步舞、中国武术、轮滑、艺术体操、跑酷等各类观赏性才艺，逐渐演变成了现今的Jam Skating，各国玩家仍然在不断创新，故花式动作越来越丰富多彩。

2. JB Skating

当Jam Skating不断融合各类才艺和流行文化因素的同时，轮滑运动原来的许多风格也得以保留，比如偏控轮风格，依然使用迪斯科舞曲，这就是JB Skating，仍然为所有Jam Skating爱好者所喜爱。

（六）轮滑阻拦赛

轮滑阻拦赛（Roller Derby）是一项结合了轮滑、摔跤与橄榄球的元素、极具对抗性和团体合作性的竞技性轮滑运动，又称为“轮滑德比”。

轮滑阻拦赛起源于20世纪30年代的美国。1935年，美国举行了一场涵盖25支队伍的耐力性轮滑赛，每支队伍由一男一女组成，比赛的目的是完成5.7万圈滑行，相当于横穿美国本土的距离。这次比赛被普遍视作轮滑德比的诞生。

上述比赛举办两年后，体育记者戴蒙·鲁尼思为比赛提出了变革性的创新。他发现最具看点的地方往往在轮滑队员的冲撞瞬间，于是他想到了不妨就把冲撞作为比赛的重点，他提出将耐力赛改为对抗比赛，将轮滑参赛者分为攻、守两方。这次改革极大地提高了轮滑德比赛事的观赏性，让这个项目不断地在美国推广开来，而这次变革正式意味着轮滑阻拦赛与速度轮滑分道扬镳。

最初的轮滑德比仅是一种耐力型的速度轮滑比赛，而现今是在椭圆赛道上由两支队伍竞赛，不光是比速度，还要比身体对抗，比赛形式已经发生了很大的变化。其参赛者主要是女性运动员，制服上加入了现代女性的时装元素，因此具有很强的观赏性。

轮滑阻拦赛也一度风靡欧洲、澳大利亚等西方国家，至今全球已有1250多个联盟，其中以美国居多。

2000年之后，轮滑德比开始复兴。它摒弃了表演元素，已经成为一项纯运动赛事，不再是以女性运动员为主体了，已经有越来越多的男性运动员也加入了这项运动。它是双排轮滑作为运动器材的7种轮滑项目之一，是2017年的全项目世界轮滑锦标赛轮滑项目之一。

（七）极限轮滑

极限轮滑也叫特技轮滑，尤其为年轻人所追捧。在极限轮滑运动中，可按个人意愿与习惯选用直排或双排极限轮滑鞋，主要分为FSK和专业场地，专业场地分道具赛和半管（“U”形池）。

（八）速度轮滑

速度轮滑是借助单排、双排轮滑鞋进行比赛的体育运动，包括公路比赛和场地跑道比赛。场地跑道像自行车场一样呈盆形，世界锦标赛场地跑道正式比赛距离为从300米、1000米至42千米男子马拉松赛（女子21千米半程马拉松赛）。

三、轮滑运动的基本技术

轮滑鞋是由四个小轮子构成，人一旦穿上站立，脚下轮子就会随意滚动，造成身体难以维持平衡而前俯后仰，极易摔倒。事实上，轮滑运动是很容易掌握的，几乎所有人经过一定的训练，都可以很快地学会。但很多人看到轮滑在光滑的平面上滚动，心理上就很害怕，担心摔跤。初学者只要简单地掌握一些轮滑的方法和技巧，首先从正确站立开始，掌握好身体平衡，逐渐提高控制重心移动和平衡的能力，随后进一步学习滑行、转弯及停止滑行的基本滑行技术，很快就能体验到这项运动的乐趣。

（一）基本站立

1. 三种基本站立方法

（1）丁字站立：两脚摆成丁字站立，左脚跟靠住右脚的脚弓处，两膝微屈，身体重心偏向右脚，上体稍前倾，两臂自然下垂于体侧。

（2）八字站立：两脚尖自然分开，两脚跟靠近，两脚摆成八字，上体稍前倾，两膝微屈，身体重心落在两脚中间，两臂自然下垂于体侧。这种站立姿势可防止两脚的轮子前后滑动，站得较稳定。

（3）平行站立：两脚尖分开与肩同宽，两脚尖稍内扣，保持两脚平行，膝部稍屈，上体稍前倾，身体重心落在两脚中间，两臂自然下垂于体侧。

2. 练习方法

（1）按照三种站立方法的动作要求把脚摆放好后，再慢慢站起或在同伴扶持下站起，防止站立过猛摔倒。

（2）选用双排轮轮滑鞋相对容易站立；练习者如果穿单排轮轮滑鞋，要注意站起时，两脚向内侧微倒，以轮子“内刃”着地，有利于稳定站立。

（3）练习原地移动重心。两脚平行站稳后，上体向一侧移动直至重心完全移到一腿支撑，待平稳后，上体依照上述方法向另一侧移动。如此反复练习。

（4）练习原地错步。双腿自然弯曲保持重心，两脚一前一后错开，两脚尖错开的距离以一肩宽为宜。两脚交错后仍然保持平行，两脚尖朝前。身体保持原地不动，待重心稳定后，再收回两脚，换脚后错开距离，如此反复交错练习。

（5）练习原地踏步。在八字站立基础上，首先把身体重心移至一条腿上，另一条腿尽可能高地缓缓向上提膝，不要有滞空停留，缓缓落下。注意身体要始终保持正直，不能摇晃。如此反复交替练习。注意抬腿落腿时尽可能得慢，高度尽可能地高。

（6）练习向前八字走。丁字或八字步站立后，一脚稍抬起向前迈出一小步，脚尖稍向外呈八字步落地，同时身体重心迅速跟上，待脚落地重心落下后，再抬起后脚向前迈出。如此两脚交替向前迈步走，步幅由小至大。注意始终保持正确的站立姿势，保持好身体平衡。

（7）练习平行行走。平行向身体的一侧横向迈出腿，跨度视个人身高而定，等身体平衡之后，另外一条腿也向刚才的方向靠近，保持两脚平行站立。注意保持身体的稳定，不可前后乱晃。向同一方向走几步，然后再向相反方向平行走几步。向一侧走出一步后，应等到身体稳定后方可收回，恢复平行站立。

（二）初步滑行

1. 基本动作

（1）走步双脚滑行：连续向前八字走几步，就会产生一定的惯性，然后两脚迅速并拢成平行站立，借助惯性力量滑行；当快要停下来时，再走几步，借助惯性再滑行。如此反复练习。如果穿单排轮轮滑鞋做该练习时，向前走时双脚应稍微向内侧倒，当两脚平行做惯性向前滑行时，则应尽力将两脚立直滑行。

（2）单脚蹬地双脚滑行：双脚呈八字形站立，静蹲姿势准备。将身体重心转移至一条腿上，另一条腿用脚内侧向斜后方蹬地，蹬地后迅速收回至静蹲姿势自由滑行；然后，把身体重心换到另一侧，用另一条腿蹬地，两只脚交换练习。

（3）交替蹬地交替滑行：双脚呈八字步站立，上体直立稍前倾、膝微屈。右脚用内刃蹬地，重心迅速移向左脚成左腿支撑滑行，右脚蹬地后迅速收回向左腿靠拢，脚尖稍偏向外侧，落地自然呈八字步，同时重心向右腿移，左脚开始向侧后蹬地，成右腿支撑滑行。左脚蹬地后迅速收回向右腿靠拢，脚尖稍偏向外侧，准备落地重心移动。两脚交替蹬地交替单脚滑行，如此反复。

2. 练习方法

（1）做走步向前双脚滑行时，开始可在同伴扶持下进行，待稍能控制重心后再独立练习。

（2）在做交替蹬地交替滑行时，可在陆地上做两脚平行站立，横向迈步移动的模仿练习。该练习由两脚平行站立开始，左脚向左横迈一步，随之身体重心迅速跟上，然后右脚向左脚靠拢着地；待身体平稳后，右脚向右横迈一步，随之身体重心迅速右移，然后左脚向右脚靠拢着地。如此循环反复练习。为过渡到滑行打下基础。

（3）为了更好地保持平衡，直道滑行过程中加入摆臂动作，尝试两臂用力一前一后摆动，向前摆时手的高度不超过面部；向后摆动时将手臂伸直。

（三）弯道滑行

1. 基本动作

（1）走步转弯：在向前八字走或半走半滑时，若想向左转弯，每迈一步脚落地时稍向左转动一点，逐渐呈弧线形，身体向弯道左内侧倾斜，身体也就随之向左转弯。向右转弯动作与上相反。

（2）惯性转弯：如果穿着双排轮轮滑鞋时，当向前滑行起了一定速度后，两脚平行稍靠近，向左转弯时，左脚略靠前、右腿靠后，身体重心在两腿之间前1/3处，左腿略弯曲，右腿直，身体重心向左倾斜，借滑行惯性向左滑出一较大弧线，身体就会向左转弯。向右转弯时，动作相反。

如果穿着单排轮轮滑鞋：当向前滑行起了一定速度后，两脚平行稍靠近，向左转弯时，左脚在前、右脚在后，身体重心在两腿之间前1/3处，转弯时身体重心向左倾斜，膝、踝呈一直线也向左倾斜，使两只鞋轮左侧着地，借惯性就会向左转弯。向右转弯时，动作相反。

2. 练习方法

（1）练习走步转弯，可以先请人拉住一只手，帮助维持身体的平衡，并体会向所牵手的方向转弯的动作。然后独立练习。

（2）掌握惯性转弯后，可学习横向交叉步移动。即两脚平行站立，左脚向左横迈一步，随之身体重心迅速跟上，然后右脚收回从左脚前上方越过，呈交叉步；身体重心随之迅速跟上，呈交叉步向侧移重心后着地，然后左脚从右腿后收回，继续向左侧横向迈步着地，接着右脚再收回做交叉步。如此连续练习交叉步。

（四）刹停方法

1. 基本动作

滑行、转弯对于初学者虽然都是难题，但更难的是刹停。所谓刹停就是刹车停止。只有学会了刹停法，才能掌握运动方向和滑行速度，才能灵活地适应运动场地实际发生的各种情况，避免冲撞等事故的发生。可以说，刹停是轮滑运动中最重要的一门技术。

（1）绕障刹停法：如果滑行的路两旁有草地、沙地之类，就直接滑到上面去，可以实现刹停。粗糙、柔软的表面能让滑轮减速，不过要小心速度的突然变化，防止摔伤。如果之前已经失控了，摔在草地上，总比其他硬质路面好。

（2）转弯减速法：这是各种轮滑鞋在各种场地条件下通用的减速方法。就是用惯性转弯的动作，消耗掉滑行的惯性，让速度减缓下来，从而达到刹停。

（3）借助固定物体刹停法：需要停止时，特意向墙壁或其他任何可以安全接触的固定对象滑去，首先用手支撑固定物体作为刹停的缓冲。如果滑行速度较低，这种刹停方式是相当安全的。但应注意，当接近墙体的时候要转头，避免把头或脸撞到墙上；还应避免把轮滑鞋撞上墙壁。

（4）“T”形刹停法：这是最基本的刹车方式，适用于一般的直线滑行的刹停。当用左脚支撑滑行时，上体抬起直立，右脚外转横放在左脚后面，两脚呈“T”形，用右脚的内侧轮横向与地面摩擦，两腿弯曲，重心下降，并逐渐移向右脚成全脚掌触地，以加大摩擦力，逐渐减速直到停止。

（5）借助风力刹停法：这种方法的前提是必须在大风天气情况下，站立身体，面朝风吹来的方向，充分伸展胳膊，想象着像一挂鼓起的风帆，借助风力逐渐减缓滑行速度，直至停下。

（6）“V”字刹停法：在低速滑行中，如果是倒溜，就把两脚跟并拢呈“V”字形；如果是正溜，就把两脚尖并拢呈“V”字形，两鞋撞到一起，就会使人停止。需要注意的是，如果滑行速度较快，这种刹停方式可能会使人向滑行的方向摔倒，所以，在刹停时身体应向前倾斜或向后倾斜来防止摔倒。

（7）“A”字刹停法：在向前滑行中，先将重心完全放在一条腿上，该腿膝盖弯曲，同时把另一只脚横放在支撑脚脚后，让两脚脚尖角度呈90°，然后后面的脚轻拖地面，借助摩擦力把滑行速度降下来，从而实现刹停。

2. 练习方法

（1）原地单脚站立，模仿“T”形停止法动作，体会两脚配合动作。

（2）左脚单足向前慢滑，做“T”形停止法。体会右脚横向触地摩擦的用轮和逐渐加大压力的动作。

（3）掌握一只脚“T”形停止法后，要继续学习另一只脚的停止动作。然后在自由滑行中逐渐掌握熟练为止。

（4）穿上轮滑鞋在离墙1～2米处站定，然后向墙壁滑去，伸出手撑住墙壁，避免头或脸部撞上墙壁。

（五）中高级刹停技术

1. 中级

在中高速滑行中，滑向附近的草地。上草地时，双膝保持弯曲，一只脚是在另一只脚前面，几乎所有重量都移向首先接触草地的一脚。绷紧前腿，后腿起稳定和保持平衡作用。

以全速滑上草皮，可以在草坪和地面间交替滑行，既可以控制速度，又可以继续享受滑行的乐趣（最好有个小斜坡）。尤其是遇到下坡的时候，这种刹停方式非常适宜，可以随心所欲地滑行或者停止。如果想要停下，就一直在草地上滑行，很快就能实现刹停。

应注意草面必须是干燥的。湿的土或草会堵塞轮子，鞋也会被陷到泥里。

2. 高级

一只脚拖后，和滑行脚呈垂直的形状；双膝稍弯曲，在地面上拖拽后脚的轮子。做动作时，拖拽的重点要放在脚跟上，而不是第一个轮子。滑行速度越高，如果要刹停，则必须给后面拖动的鞋施加更大的压力，才能在短时间内停下。切记，整个过程中，身体重量应主要放在保持滑行的前脚上。

第三节　攀岩运动

一、攀岩运动发展简史

攀岩运动（Rock Climbing）是借助技术装备，依靠手脚力量控制身体平衡，在天然岩石构成的裂缝、峭壁、岩面或人工岩壁上进行向上攀爬的一项体育运动项目，通常被归类为极限运动。

人们在进行攀岩运动时，会面对各种高度及不同角度的岩壁，在岩壁上完成转身、引体向上、腾挪甚至跳跃等惊险动作。

最早的攀岩运动可追溯到人类的远古时代，先民为了寻找果实、追逐猎物、躲避猛兽或者敌人，会攀爬岩石、峭壁，这就是攀岩运动的起源了。

公元1492年，法国国王查理三世下令攀爬一座高度为304米的石灰岩塔，这是人类历史上最早的攀岩记录。

一直到了17世纪中期，攀登高山的活动才重新见诸文字记录，一些欧洲人去攀登阿尔卑斯山区终年积雪的冰河地形和雪山。1850年，有些登山者已经发明了有爪的鞋子和改良过的斧头和木斧等简单的专业性攀登器材设备。

不过，在阿尔卑斯山区的攀登者中，也有一些人尝试不过多依赖工具，而是依靠自己的手脚来攀登高山。这是自由攀岩的雏形。

在两次世界大战期间，由于战争中特种渗透作战的需要，许多部队会有意识训练能掌握攀岩技术的士兵。

现代攀岩运动兴起于苏联，正是苏军中秘密进行的军事训练项目。在“二战”结束后的1947年，苏联首先成立了非军事的攀岩委员会。1948年，苏联在国内举办了首届全国攀岩锦标赛，这是世界上第一次公开的攀岩比赛。

1976年，苏联举办了首届国际攀岩比赛。

攀岩运动在欧洲盛行起来，民间开始举办各种形式的攀岩比赛。1985年，意大利举行了第一次同时要求速度与难度的攀岩比赛，吸引了许多攀岩高手前往而大获成功。

当时的攀岩运动都是选择野外自然的岩壁。鉴于野外攀岩交通不便、危险性大等不利因素，1983年，法国人弗兰西斯·沙威格尼发明了可以自由装卸的仿自然人造岩壁，攀岩运动演化成了一项竞技性体育运动。

显然，人工岩壁比自然岩壁在比赛规则上易于操作，并利于观众观看，1987年，国际攀登委员会批准人工岩壁上的攀岩比赛为国际正式比赛，当年在法国举办了人工岩壁上的首届攀岩比赛。这一年，攀岩运动引入中国。

1989年，英国、法国、意大利、西班牙、保加利亚和苏联分阶段联合举行了首届世界杯攀岩赛，根据参赛运动员们在每站比赛的得分，最后进行了年度总排名，成绩第一名即赢得世界杯。

1990年10月，中国第一届攀岩比赛在北京怀柔大水裕水库自然岩壁举行。

在亚洲，1991年1月，亚洲攀登比赛委员会在香港正式宣布成立。

1992年，国际登山联合会向国际奥委会申请把攀岩列为奥运会正式比赛项目。1993年，国际奥委会正式承认攀岩为奥运会项目。

1997年，国际登山联合会内成立国际竞赛攀岩委员会。

1998年，国际竞赛攀岩委员会正式推出攀岩竞赛项目。

1999年，攀岩正式成为世界杯赛项目。

1992年9月，在韩国汉城举办了第一届亚洲攀岩锦标赛。

2016年、2020年，在东京奥运会上，攀岩成为正式比赛项目。

2020年12月7日，国际奥委会执委会召开会议，同意2024年巴黎奥运会增设攀岩项目。

2007年，国际攀岩联合会在德国法兰克福成立，这是攀岩运动的最高组织，负责举办每两年一次的世界攀岩锦标赛等攀岩项目比赛。

中国攀岩运动的最高组织为中国登山协会，于1958年成立。

目前，世界攀岩水平以欧美特别是法国与美国为最高，法国相对在人工岩壁上占优，美国人则称霸自然岩壁攀登运动。

二、攀岩运动的种类

（一）按场地分类

1. 自然岩壁攀登

在自然形成的野外岩壁上攀登，一般需要前期清理、开发攀登线路。攀爬天然岩壁能充分融入自然，体会攀岩的乐趣，岩壁角度、石质的多样性带来攀登路线的千变万化，从而不断发现新线路，更具挑战性。

但时间和金钱花费都较大，危险性较大，受气候影响较大，路线开发时间长后会老化。

2. 人工岩壁攀登

人工攀岩又称竞技攀登，是在人工设计建造的岩壁上攀登，主要场地有室外人工攀岩场和室内攀岩馆。人工攀岩多为训练和比赛使用的攀登方式。人工攀岩显然更安全，而且受气候影响小，交通便利，不可预见因素少等。

但因为缺少特殊地形，岩壁造型相对固定，创意性少，自由发挥余地小，室内空气往往较差，相对自然岩壁线路问题会比较尖锐等。

（二）按攀登方式分类

1. 自由攀登

指不借助主绳、快挂、铁锁等保护器械的力量，只靠自身力量攀爬的攀岩运动。中国的攀岩运动主要采取这种攀登形式。

自由攀登又可分为运动攀登和传统攀登。

（1）运动攀登

即在已经设置好安全保护点（站）的线路上进行的攀登。

（2）传统攀登

即在预先没有设置任何人为保护措施的线路上进行攀登。领攀者在攀登过程中选用合适的装备来临时设置保护措施，跟攀者又会收取所有这些设置在线路上的保护装备，在整个攀登过程中不会留下任何装备，不会破坏任何岩壁表面。

2. 器械攀登

指借助器械的力量攀登。

这种形式在大岩壁攀登中较为常用，一些攀登者在感觉难度超过能力范围的路线借助器械通过。

3. 顶绳攀登

指在岩壁上端预先设置好保护点，主绳一端固定在保护点上对攀登者进行保护，在攀登过程中不需进行器械操作。这种形式要求保护点非常安全，攀登者在攀登过程不会发生冲坠，相对非常安全。

4. 先锋攀登

指在攀爬路线上预先打上数个膨胀钉和挂片器材，在攀登过程中，依次将保护绳扣和快挂扣进挂片成为保护点并扣入主绳保护自己，攀登者需要边攀登、边操作。

这种攀登形式一般适用于大仰角（大于90°）线路的攀登，比传统攀登安全性高，可使攀登者全力以赴挑战最高难度；攀登者可能会发生冲坠，相对顶绳攀登较为危险，不过攀登者脱落后很容易重新回到脱落处，对难点进行反复攻关。这种攀岩方式在欧洲尤其是法国最为盛行。

5. 自动保护器攀登

现代攀岩行业已经设计出专业的攀岩自动保护系统，自调节磁性制动系统可根据攀登者的体重自动调节阻力大小，模块化设计，扁带传送结构，有可提醒攀登者及周围人群的下降警示音，可以减少人为操作保护的不确定安全因素。

（三）按比赛分类

1. 难度攀岩

指按攀岩路线的难度来区分选手成绩优劣的攀岩比赛。队员下方系绳保护，带绳向上攀登并按照比赛规定，有次序地挂上中间保护挂索。比赛成绩以在规定时间选手到达的岩壁高度来判定。

2. 速度攀岩

指采用顶绳攀登，上方保护，按指定的路线以完成时间最短者为优胜的攀岩比赛。

3. 攀石比赛

指设置结束点和得分点的攀岩比赛，也称作“抱石比赛”。没有绳索保护，只是采用海绵垫或充气垫做保护，攀登者抓住得分点并做出一个有效动作得分。这种方式线路短小，难度较大，需要较好的爆发力和柔韧性。

三、攀岩运动比赛规则

攀岩主要包括户外自由攀岩和室内竞技攀岩。攀岩比赛规则通常是以国际竞赛攀岩委员会制定的总则为基准，按照岩场实际情况进行修改制定。

（一）竞技方式

包括难度攀岩、速度攀岩、抱石比赛三种。

（二）保护

比赛时，保护员站在岩壁下方，运动员有顶绳保护。顶绳的主绳应通过两个不同的保护点。保护点的位置必须保证不会帮助、妨碍或危及攀登中的运动员。终点保护点的位置应高于路线终点标志。

（三）胜负规则

主要以攀岩者的攀登时间的长短来决定胜负，以最先到达目的地者为胜。

（四）比赛办法

比赛为封闭式，比赛路线由定线员制定，裁判长审定。参赛运动员都应按时进入隔离区，在赛前不得以任何手段收集获取比赛路线等信息。不过，进入赛区后，允许观察并研究路线。

（五）视为未完成的情况

视为未能完成攀登的情况，主要有以下几种。

（1）借助任何人工辅助；

（2）超过比赛规定的攀登时间；

（3）脱落；

（4）使用岩壁的边缘或顶缘帮助攀登；

（5）攀登者起步后身体的任何部位触地；

（6）攀登者触摸路线标界之外的岩壁表面任何部位。

四、攀岩运动的重要赛事

（一）国际赛事

（1）攀岩世界杯分站赛：世界上最大规模的攀岩赛事，每年举行一次。比赛分站在世界各地举行。每站世界杯赛应包括难度赛、抱石赛和速度赛中的一种或几种；比赛应包括男子和女子两个组别，参赛运动员必须年满17周岁。组委会根据每站比赛中运动员的得分进行年度总排名，取总成绩第一定为年度世界杯得主。

（2）世界攀岩锦标赛：世界上最具竞争力的攀岩赛事，每2年（奇数年）举行一次。每届世界攀岩锦标赛都包括男子和女子2个组别的难度赛、速度赛及抱石赛项目，参赛运动员必须年满16周岁。

（二）亚洲赛事

（1）亚洲攀岩锦标赛：亚洲最高级别攀岩赛事之一，每年举行一次。

（2）亚洲杯攀岩比赛：亚洲最高级别攀岩赛事之一，每年举行一次。

（三）中国赛事

（1）全国攀岩锦标赛：中国国内最高级别攀岩赛事，每年举行一次。

（2）全国青年攀岩锦标赛：中国国内青少年最高级别攀岩赛事，每年举行一次。

五、攀岩运动的代表人物

亚历克斯·霍诺尔德：美国徒手攀岩者和冒险家。霍诺尔德曾无保护地攀上约塞米蒂国家公园中609米高的垂直岩壁“半圆顶”的西北面。使他名垂青史的攀岩壮举是，不使用安全绳、徒手爬上高达762米、被公认为世界上最难攀登的悬崖之一的墨西哥“光明之路”崖顶，仅用了3小时，成为世界上第一个攀上762米高悬崖的人。现场拍摄的纪录片《徒手攀岩》获得了奥斯卡最佳纪录片奖。

六、攀岩运动的基本技术

抠，用手抠住岩石的棱角、缝隙和边缘。

踏，利用脚前部下踏较大的支点来移动身体，减轻上肢的负担。

拉，先抓住前上方牢固支点，然后小臂贴在岩壁上，抠住石缝隙或其他地方，通过臂力向希望到达的方向移动身体。

张，将手伸进缝隙里，用手掌或手指曲屈张开，以此抓住岩石的缝隙作为支点，移动身体。

推，利用侧面、下面的岩体或物体，以手臂的力量使身体移动。

挂，用脚尖或脚跟挂住岩石，维持身体平衡使身体移动。

抓，用手抓住岩石的凸起部分。

蹬，用前脚掌内侧或脚趾的蹬力把身体支撑起来，减轻上肢的负担。

跨，在相距较远的不同的支点间大范围转移身体，以避开较难通过的点，寻求有利于前进的支撑点。

七、攀岩运动的器材装备

（一）保护性装备

1. 绳索

攀岩绳索一般包括主绳索及辅助绳索（安全带）。主绳索通常是双条使用，直径9～11毫米；辅助绳索则为单条使用，系在攀岩者身上，承载可能的脱落或下降而产生的重量和冲力，为攀岩者和绳索之间提供一种舒适、安全的固定连接。

2. 安全头盔

头盔能避免头部遭到落石碰击，以及非正常脱落姿态带来的头部伤害。盔形帽应配有皮带，以免盔帽因冲击而脱落。出现落石千万不要仰头观望或以手抱头，无处可躲时让头盔发挥其作用。

3. 钩环

钩环是一边装有弹簧式开口的金属环。但由于开口部分较脆弱，所以只能在纵的方向上使用，绝对不可向横的方向用力使用。

4. 安全铁锁

安全铁锁是可自由开合的金属环状物，将各类保护器械、装备连接在一起。属于攀登过程中进行休息或其他操作时的自我保护装备。

5. 扁带

扁带为软性带状闭合圈，提供保护器械之间的软性连接。架设固定保护点时，可用扁带连接两个或更多的临时保护点。而移动中的主绳不可直接从扁带之中穿过。

6. 抱石垫

抱石垫为预备脱落时提供缓冲和减震作用。抱石垫内部最上面是硬体封闭式海绵，最下面是较厚的软体开放式海绵。

7. 快挂

扁带的两端分别连接一个铁锁就成了快挂。快挂在使用时，将一端扣入保护点，另一端连接人体安全带或主绳，使操作便利。快挂两端的铁锁都不带丝扣，可能会出现突然打开的意外，所以如果只带了一个快挂，为了安全起见，那就不能把它作为固定保护点。

8. 安全带

安全带有胸式、降落伞式、腰式等式样，主要功能是要将冲力分散到身体各个部分，而以坐落的姿态终止，并保护身体的弱点。

（二）辅助性装备

1. 攀岩专用鞋

攀岩专用鞋的鞋底采用特殊的橡胶，摩擦力大大增加，穿起来可以节省很多体力。应选择号码偏小的，穿进去将脚裹得很紧，能使脚与鞋成为一个整体，有利于增强脚感及精确踩点和发力。

2. 岩钉

岩钉用于打入岩石的裂缝，以提高攀登工具的坚牢性。岩钉尖端有楔子连接，通过敲击楔进岩缝提供保护力；另一端是环状，可连接铁锁或扁带。需要注意的是，敲入同一条岩缝的两个岩钉存在撬开岩石的可能。

3. 膨胀钉

利用冲击钻和锤子将膨胀钉打入整块岩石中，加上挂片就成为非常稳固的保护点。

4. 镁粉和粉袋

镁粉可吸收手上的汗液和岩壁表面的水，增大摩擦力。粉袋是装镁粉的。

5. 挂片

挂片是保护点的重要组成部分，其一端通过膨胀钉或螺丝钉固定在岩壁上，另一端可扣入铁锁或快挂，或接上扁带。

6. 手套

攀岩时最好戴上坚韧的手套，因为滑落时的冲力很强，手部会因摩擦力而严重擦伤，且有因此而松手坠落的意外。

7. 登降器

登降器是配合主绳使用的工具，有助于攀登时增速及搬运行李。

8. 岩石塞

岩石塞是一种可放入岩缝、石洞、石桥等地形中并固定住成为保护点的金属制品。必须非常谨慎放置岩石塞作为保护点，应确保岩石塞在可能出现的受力方向上不会移动或脱出。机械塞的形状大小可以调控，以收缩状态进入岩缝，弹开后即可卡住；不带机械部件的岩石塞利用自身的不对称性和岩缝内部的形状变化，固定在岩缝狭窄处。

第四节　游泳运动

一、游泳的分类

（一）大众性游泳类

1. 潜泳
2. 侧泳
3. 踩泳
4. 仰式蛙泳
5. 武装泅渡
6. 救护游泳

（二）竞技性游泳类

1. 蛙泳
2. 仰泳
3. 蝶泳（海豚泳）
4. 花样游泳
5. 自由泳（爬泳）

二、游泳的健身价值

（一）改善心血管的功能

人在游泳时，冷水刺激产生的热量调节作用与新陈代谢能促进血液循环，水的压力与阻力对心脏和血液的循环起到特殊的作用，从而改善心血管系统的功能。根据运动医学研究，人在游泳时身体会承受一定的水压，如果加快速度，压力负荷会随之加大，从而使心房和心室的肌肉组织能得到很好的锻炼；心腔的容量有所加大，将减少心脏的跳动次数，从而减轻心脏的负担；游泳能活动全身的肌肉群，需要血液把氧气和营养物质不断地输送给各肌肉群，使心脏被锻炼得更加充满活力，促使血管壁增厚，弹性加大，最终减少心血管疾病的发生。

游泳运动员平时的心脏跳动每分钟40～60次，比一般人慢而有力，心脏无疑更健康。

（二）增强呼吸系统的功能

人在游泳时，胸廓会受到12～15公斤水的压力，水压迫着胸腔和腹部，给吸气增加了困难，要想使身体获得足够的氧气，呼吸肌就必须不断地克服这种压力；游泳时呼气一般都是在水下完成，而水的密度要比空气的密度大得多，人在水下呼气就必须用力，所以，不管是吸气还是呼气都能增加呼吸肌的收缩力，从而能增大肺活量，增强呼吸系统的功能。根据统计资料，健康男子的肺活量一般为3000～4000毫升，而经常游泳的人可达到5000～6000毫升，游泳爱好者每当安静的时候，其呼吸相较不爱运动的人更加缓慢而深沉。

（三）延缓皮肤老化

游泳的水温一般较低，冷水的刺激使皮肤血管收缩，以防热量扩散到体外，机体为了保证足够的温度，就会加紧产生热量，使皮肤血管扩张，改善对皮肤血管的供血，皮肤血管积极参与调节体温。另外，柔软的水波浪不断对人体表皮进行摩擦，使皮肤如同被按摩一样，舒展放松，机体表面更富弹性。

如此一来，如果长期坚持游泳，就能加强皮肤的血液循环，延缓皮肤老化，使皮肤长时期保持紧致嫩滑、光洁柔软。人在游泳时水流对身体还起到塑身和健美的效果。这就是游泳运动员较同龄人显得更年轻、体形更健美的原因。

（四）促进智力的发展

人的智力因素是大脑和中枢神经系统的机能，游泳能刺激大脑和神经系统的发育，促进脑细胞的发展，提高人的智力水平。即便是智力有缺陷的人，积极地参加游泳锻炼，也能较好地改善智力水平。

此外，游泳时入水和出水导致的冷热温度的交替变化，有助于刺激神经系统和大脑不断地进行工作，从而锻炼了神经系统和大脑，能够防止脑细胞衰老并延缓死亡的到来。

（五）释放身心的压力

游泳是最安全的体育锻炼方式之一，水的阻力不会造成身体上的伤害；另外，游泳时水的浮力将人体托起，游泳者可以全身随意放松，从容地享受浮力的感觉，从而能够使日常生活中的各种压力得以释放，紧张情绪也得以舒缓。

（六）其他价值

人在水里运动比起在陆地消耗的热量大得多，这就必须尽快补充所散发的热量，以抵抗冷水的刺激，从而加强体内的新陈代谢过程，能改善体温调节机能，能更好地适应外界气温的变化，增强抗寒能力，感冒发生概率会大大降低。

此外，生活中就难免要和水打交道，比如防洪抢险、救护打捞等，这使游泳不仅是一项体育项目，更是生活中不可缺少的技能，必须有熟练的游泳技术作为后盾，才能在关键时刻既保护自己的生命，同时还能拯救他人的生命。

三、游泳技术

（一）蛙泳技术

1. 概念

蛙泳是以俯卧姿势两手同时向前移动，两脚同时外翻向后蹬水的游泳方式。

2. 技术要点

进行蛙泳时，两臂向前伸直并拢，头略低，脸的下部浸在水中，当手臂和腿完成有效动作后，身体几乎是水平地俯卧在水面上。保持这种姿势，应挺胸收腹、微塌腰、稍抬头。

蛙泳的腿和臂都起着向前的推进作用。腿的技术分为四个阶段：开始姿势、收腿、翻脚、蹬水。臂的技术动作是连续的不可分割的，但为了便于分析，其技术的动作不妨分为五个阶段：开始阶段、抓水、划水、收手和伸臂。

蛙泳时用嘴吸气，用嘴、鼻呼气。吸气时头慢慢抬起（不是抬上体），下颌前伸露出水面，便于嘴巴吸气，在呼出气的同时吸进新鲜空气。抬头呼吸时不能影响肩带和躯干动作，抬头划手，低头蹬腿，手动脚不动，保持良好的身体流线型，以避免下肢下沉而产生漩涡阻力。

一次手臂动作、一次腿部动作、一次呼吸为一个动作周期。

（二）仰泳技术

1. 概念

仰泳是身体仰卧在水面上，两臂在体侧经空中向前做交替的划水动作，两腿上下交替打腿的一种游泳方式，其动作结构和爬泳（自由泳）基本相同。仰泳中，只需把身体仰卧在水中，手臂和腿稍加一些动作，既能自然地在水中游动，又能获得休息的机会。

2. 技术要点

进行仰泳时，身体平直地仰卧在水中，头和肩略高于臀。两腿间一个下压一个上踢，轮流进行配合，踢水方向向后上方，不要向两侧用力，以免分散推进力，也使动作不够协调。腿部动作是为保持身体的平衡，控制身体摇摆，营造一个好的流线型姿势，并产生一定的推进力。

仰泳臂向前推进的主要力量来自两臂轮流后划。仰泳划水动作的完整周期分为入水、抱水、划水、出水和空中移臂五部分。仰泳的整个划水动作是加速进行的，其中从肩到腰的推水部分是最有效的阶段。正确的出水动作是先压水后提肩，当肩露出水面后，由肩带动上臂、前臂和手依次出水。

腿的动作节奏要与臂部动作的各个阶段相适应，当两臂各划一次水后，就呼吸一次。

（三）自由泳技术

1. 概念

自由泳因像人在爬行而得名。进行自由泳时，身体几乎水平地俯卧在水中，两腿上下交替打水，两臂轮流向后划水，手臂和腿彼此协调配合。自由泳掌握好了，在所有游泳方式中，能游出最快的速度，所以为许多专业游泳运动员和普通大众所喜爱。

英国的特拉文最早尝试出自由泳方式，他采用的是两臂各划水一次配合剪腿一次的技术动作，后来人们又称这种姿势为“特拉文式”。

自由泳技术后来还出现了四次打腿、拖腿两次，四次打腿，两次打腿，交叉打腿等腿的配合动作，这些不同的打腿动作都打破过世界纪录。

2. 技术要点

自由泳技术可分为五个部分：身体姿势、呼吸动作的配合、臂的动作、腿的动作、两臂的配合。

游自由泳时身体应彻底放松，伸直四肢，让整个身体呈流线型，像俯卧睡觉一样浮在水面上，眼睛向前下方看，水平面接近发际。自由泳主要依靠两臂划水来推进，打腿主要是起平衡作用，下肢抬高，以保持身体的流线型，以及协调配合两臂有力的划水动作。打腿技术是以髋、膝、踝三个支点为轴，利用杠杆原理，做复杂的鞭状打腿动作。

两臂划水的动作可分为：入水、抱水、划水、出水、空中移臂五个部分。

手入水时，手指自然伸直并拢，指尖对着入水的前下方插入水中，使手指、小臂、大臂、肩依次入水，这样受到的阻力较小。手臂入水后，小臂和手向下屈肘屈腕对水，先积极地抱水，并保持高肘，拉开肩带肌肉，做好划水准备。

划水至肩下方与水面垂直之前为拉水；划水过了垂直面后为推水。在划水结束后，借助于三角肌将臂提出水面。

一只手臂放松自如地在空中前移，不能停顿。移臂的动作应和另一臂的划水动作协调一致。两臂动作轮换配合，当一臂完成划水时，另一臂进入划水动作。

（四）蝶泳技术

1. 概述

蝶泳也叫海豚泳，是蛙泳的变形。蝶泳（俯卧姿势）是双手同时向前移动，手臂动一次，脚打水两次。

蝶泳的常规动作，两臂在水中划至大腿，提出水面后又空中向前移臂入水，两腿仍做蛙泳蹬夹水的动作。有人模仿了海豚的波浪动作，大大提高了游进的速度，这也是海豚泳名称的由来。

2. 技术要点

蝶泳与其他游泳方式的根本区别，就在于躯干各部分和头部不断地变化彼此间的相对位置。蝶泳腿打水动作是由腰部发力，大腿带动小腿做鞭状的大腿动作。腿部的两次打水分别是在两臂入水时打水一次和两臂在推水时打水一次。一次臂部动作、一次呼吸、两次打腿动作是蝶泳的一个动作周期。

蝶泳主要靠划臂来推进。其手臂动作是：两臂经空中前移后，在头前方以与肩同宽的距离入水，依手（食指）、前臂、上臂的顺序入水。

在进行蝶泳时，借助两臂划水后部推水时产生的惯性，大幅度地伸展颈部后部肌肉，把头抬到嘴露出水面吸气。

（五）出发技术

在游泳比赛中，如果对手相当，比赛名次往往取决于出发技术的优劣，赢得了出发往往意味着赢得了更好的成绩。

仰泳是在水中出发的，蝶泳等其他三种姿势均在出发台上出发。出发台出发的方式较多，常见的是摆臂式和抓台式两种，现在还有蹲踞式出发。

出发动作分为开始姿势、准备动作、起跳、腾空、入水滑行和开始游泳动作等几部分。

三种起跳角度获得三个不同的出发距离。

（六）转身技术

在一次比赛中，出发只出现一次，而转身可以不止一次，完成一个漂亮的转身往往能抢先0.5～1秒，而且还能节省体力，得到短暂的休息。所以，能否掌握娴熟的转身技术，对于游泳比赛的成绩起着关键的作用。

转身分为两类：一类是动作简单的带有呼吸的抬头转身法；另一类是不带呼吸的滚翻转身和半滚翻转身。滚翻转身的优点是转身速度快于抬头转身法；缺点是动作复杂，需要较大的体力来完成。

第五节　跳绳运动

一、跳绳运动发展简史

跳绳是一个人或多人在一根环摆的绳中做各种跳跃动作的体育运动。

中国古人结绳记事，也用绳子捆扎什物和农作物，绳子成了生活中的重要工具。因此，跳绳很可能源于原始的农事、狩猎或军事活动。

明代小说《金瓶梅》第十八回中提到了跳绳，当时用的是“跳马索”和“跳百索”两个说法。由“跳马索”一词，再参考古代战争中使用的“绊马索”战术，获得了探究跳绳起源的启示。古人不断进行绊和避绊的军事训练，从中受到启发，由骑马跨越绳子换成单人跳跃绳子的游戏，不承想后来发展成为一种体育运动项目。

中国至迟在汉代已经有了跳绳活动，这在汉代画像石上的跳绳图得到了证明。

《北齐书 · 后主纪》中有一段有趣的记载："游童戏者好以两手持绳，拂地而却上，跳且唱曰'高末'。高末之言，盖高氏运祚之末也。"北齐皇帝高姓，"高末"意思是齐将消亡。这是古代儿童跳绳游戏的最早的文字记载。

南朝梁代宗懔在《荆楚岁时记》中有"飞百索"的记载：正月十六日，群儿以长绳丈许，两儿对牵，飞摆不定，若百索然。群儿乘其动时轮跳，以能过者为胜。这里的飞百索，正是后来的跳绳游戏。

魏晋以后，历代都有跳绳活动的记载。到唐朝，跳绳已经成为一种民间流行的民俗娱乐游戏。唐人段成式在《酉阳杂俎 · 境异》中载："八月十五日，行像及透索为戏。"唐代已将这种游戏命名为"透索"。

南宋以后，跳绳活动发展为杂技百戏，每逢佳节都要跳绳，家家户户都要比赛。宋代称为"跳索"。宋吴自牧的《梦粱录 · 宰执亲王南班百官入内上寿赐宴》载："百戏呈拽，乃上竿、跳索、倒立、折腰、弄碗、踢磬瓶、筋斗之类。" 宋孟元老的《东京梦华录 · 六月六日崔府君生日二十四日神保观神生日》载："自早呈拽百戏，如上竿、趯弄、跳索、相扑、鼓板小唱、斗鸡。"

辽时，儿童跳绳也很流行。宣化出土辽墓中后室木门上半圆形堵墙正面有张"幼儿跳绳图"，画着三个儿童进行跳绳游戏，左右两个小童弓身屈腿，用力摇摆一根长绳，中间一个赤膊小童屈膝张臂，轻快跳跃，构图精巧。

明代的跳索成了一种民俗，还出现了多人轮跳的游戏方式。据沈榜的《宛署杂记 · 民风一》载："跳百索：（正月）十六日，儿以一绳长丈许，两儿对牵，飞摆不定，令难凝视，似乎百索，其实一也。群儿乘其动时，轮跳其上，以能过者为胜，否则为索所绊，听掌绳者绳击为罚。"

到了清代，在春节元宵期间，妇女儿童已普遍喜欢玩跳百索的游戏，还有了一个新名称“绳飞”。潘荣陛的《帝京岁时纪胜·岁时杂戏》记录了清代北京元宵节民间的娱乐活动，其中有：“博戏则骑竹马，扑蝴蝶，跳白索，藏蒙儿。”阿英的《灯市》：“二童子引索略地，如白光轮，一童子跳光中，叫‘跳白索’。”清代的《松风阁诗钞》记录：“太平鼓，声咚咚，白光如轮舞索童，一童舞索一童唱，一童跳入光轮中。”清代晚期的《燕台口号一百首》记载了一首轮跳白索的诗：“轮跳百索闹城闉，元夕烧香柏作薪。络索连环声响应，太平鼓打送年人。”当时一边敲着太平鼓跳白索，一边伴唱歌谣，新年节日气氛可谓十分浓厚。

清代晚期出版的《有益游戏图说》中说：“用六尺许麻绳，手执两端，使由头上回转于足下，且转且跃，以为游戏，是谓绳飞。”“绳飞”已经很接近跳绳的叫法了。

“跳绳”的名称出现在清末以后。

二、跳绳运动的重要赛事

（一）世界跳绳锦标赛

由国际跳绳联合会举办，是全球最高水平的跳绳比赛，每年举办一次。比赛项目分为单人、双人和团体等多个项目。

（二）欧洲跳绳锦标赛

由欧洲跳绳联合会主办，是欧洲最高水平的跳绳比赛，每年举办一次。比赛项目包括单人、双人、团体和速度等多个项目。

（三）亚洲跳绳锦标赛

由亚洲跳绳联合会主办，是亚洲地区最高水平的跳绳比赛之一，每两年举办一次。比赛项目包括单人、双人、团体和速度等多个项目。

（四）中国国际花样跳绳锦标赛

由中国跳绳协会主办，是中国规模最大、水平最高的跳绳比赛，每年举办一次。比赛项目涵盖单人、双人、团体和速度等多个项目。

三、我国常见跳绳比赛项目

（一）双摇速度跳

1. 参赛队伍要求

单人比赛。

2. 比赛规则

比赛时间：30秒；

规则：运动员跳起一次，双手摇绳，绳越过头顶通过脚下绕过身体两周称作双摇跳，记次数1次，在规定时间内累计数，以次数多者取胜。

（二）间隔交叉单摇速度跳

1. 参赛队伍要求

单人比赛。

2. 比赛规则

比赛时间：30秒；

规则：运动员单摇跳起一次，双手体前交叉摇绳，绳越过头顶通过脚下绕身体一周；再跳起一次，双手不交叉直摇，绳越过头顶通过脚下绕身体一周。依次一摇一变化交叉跳称作间隔交叉单摇跳，记次数一次，在规定时间内累计数，以次数多者取胜。

（三）一次性速度跳

1. 参赛队伍要求

单人比赛。

2. 比赛规则

比赛时间：1分钟；

规则：绳子转一圈，计数一次。一次性的意思是比赛过程中如果发生死绳，比赛随即就结束了。可用并脚单摇、换脚单摇、双摇等各种动作，在比赛过程中只能用其中一种动作。

（四）双人跳

1. 参赛队伍要求

2名参赛人员组成一支参赛队伍。

2. 比赛规则

比赛时间：1分钟；

规则：每个单位根据实际情况组队，最多限报2队。裁判员宣布比赛开始时，计时开始。计数从2名跳绳参赛选手全部在跳绳内起跳开始记录。中间如果因参赛人员出现失误，导致跳绳死绳，但仍在比赛时间内，可按比赛规则继续进行（中断时间计作比赛时间内）。时间到，裁判员宣布比赛结束时，以实际跳绳数目多少计分。

（五）三人跳长绳

1. 参赛队伍要求

3人，其中2人摇绳，1人跳绳。

2. 比赛规则

比赛时间：1分钟；

规则：绳子转一圈，计数一次。2人摇绳，1人跳绳，在规定时间内累计数。

比赛用具：跳绳长1.5米（比赛组织方提供）。

四、跳绳运动的基本动作

（一）侧身斜跳

两人一前一后站在跳绳的左右两侧，先侧身单脚跃绳向前跳，然后斜身跳回原位。跳跃时应注意用力摆动双臂。跳1分钟之后休息10秒钟，重复练习2次。

侧身斜跳能训练耐久力，增强外展肌和内收肌。

（二）简单跳绳法

双脚并拢，练习弹跳3分钟左右。

手腕弧形摆动绳子。初学跳绳者先跳15次左右，休息一会儿，然后接着再跳15次。

（三）单脚屈膝跳

先一条腿屈膝，向前抬起，踮起脚尖，单脚跳15次；换另一条腿重复上述动作。如果感觉累了，可以休息一会儿，再接着重复练习。

（四）分腿合腿跳

先做跳绳准备运动，然后跳绳，跳跃时双脚叉开，着地时双脚并拢，重复练习，次数依据个人承受力而定。

（五）双人跳绳

（1）采取并排站立的姿势。每人用外侧的一只手握住绳柄，先开始练习简易跳绳法，两人同时用双脚跳绳，然后练习同时用单脚跳绳。

（2）采取一前一后的站立姿势。身高者站在后面，并挥动跳绳。

（六）双臂交叉跳

跳绳开始后，当绳子在空中时，交叉双臂，当跳过交叉的绳子之后，双臂反向恢复原状；再接着交叉双臂跳绳，如此反复进行练习。

（七）绕旋跳

可以两个人配合练习：一人叉开两腿蹲下，甩动绳子使跳绳在地上画弧线，另一人则不断地从甩动的绳子上跳过去，速度由慢逐渐加快，跳了约定时间后，两人交替配合练习。

（八）侧脚跳

先从简易跳绳法开始练习，然后用双手手腕挥动跳绳，右脚跳绳，不着地的左脚则斜向一侧，跳20次，然后换另一只脚跳20次。

做此项练习时，应注意不要被绳子绊住脚，要点是脚不要抬得过高、过慢。

第六节　登山运动

一、登山运动发展简史

（一）起源和发展

登山运动（Mountaineering）是指运动员徒手或使用专门装备，从低海拔地形向高海拔山峰或山岭进行攀登的一项体育活动。登山运动可分为竞技攀登（包括攀岩、攀冰等）、高山探险和健身性登山。与登山相关的活动，包括传统的户外登山、徒步旅行、滑雪等。也有人将室内攀岩、运动攀岩和抱石通常归于登山运动 。

登山源自远古人类的生活和生产劳动实践。长期生活在山区的人会上山砍柴、打猎、伐木及采掘野果、野菜、药材和矿藏谋生。中国古代民间流传着许多登山的传统习俗，如在每年阴历九月九日重阳节登高来进行健身和亲情活动，许多文人墨客也非常热爱登山游览。

1336年4月26日，意大利诗人彼特拉克登上了1912米高的旺图山山峰，俯瞰马赛湾，成为第一个知名的阿尔卑斯登山者。

1492年， 一行十人上下组成的小团队使用梯子和绳索登上法国的艾吉耶山，是第一次有记录的技术难度登山。

1757年，瑞士一位科学家尝试攀登法国的勃朗峰，但并未成功。

那时候，有人开始使用登山镐、绳索等专门器械帮助登山，并掌握了应对雪崩、滚石、冰崩、高山缺氧等有关知识。

现代登山运动始于1786年8月8日。那一天，法国医生巴卡罗带着同伴登上了海拔4807米的阿尔卑斯山最高峰勃朗峰。1787年，青年科学家德 · 索修尔率领一支登山队再度成功登上勃朗峰。世界现代登山运动自此揭开序幕。

登山的专门技术、专门装备已经形成，登山逐渐地从旅行活动中分离出来，成为一个独立的体育运动项目。

因这项登山运动发源于阿尔卑斯山区，所以，也称为阿尔卑斯运动。从1786—1865年，登山运动员相继征服了阿尔卑斯山脉的大格洛克纳山（1800年）、奥特勒山（1804年）、少女峰（1811年）、布莱特峰（1813年）等海拔3000～4000米的高峰；1808年，玛丽帕拉迪斯成为第一位攀登勃朗峰的女性登山运动员；1857年， 英国伦敦成立了第一家登山俱乐部阿尔卑斯俱乐部。世界登山史上这一时期被称为“阿尔卑斯的黄金时代”。

在北美，1806年，人们发现了科罗拉多落基山脉的最高峰Pikes Peak（4394米），1820年，埃德温·詹姆斯等三人首次攀登。1842年，墨西哥最高峰北美第三高山峰奥里萨巴山（5636米）被征服。

（二）向伟大山峰进军

19世纪80年代以后，随着使用各种攀登工具和技术的成熟发展，人类攀登的兴致从阿尔卑斯低山区转向世界其他地区的伟大山峰。

1879—1880年，当英国登山家爱德华·因姆佩尔登上钦博拉索（6268米）并探索了厄瓜多尔的山脉和南美最高的安第斯山脉。保罗·古斯费尔特于1883年登上了智利和阿根廷之间的迈坡火山（5260米），并试图攀登美洲最高峰阿空加瓜（6961米）但没有成功。1889年，奥地利登山运动员和德国地质学家攀登了非洲的乞力马扎罗山。1897年1月14日，爱德华·菲茨杰拉德率领的探险队成功登上阿空加瓜峰。

1897年，阿布鲁齐公爵征服了阿拉斯加–育空地区的圣伊莱亚斯山（5489米）。1913年，北美最高峰迪纳利峰（6168米）被成功攀登。1925年，6名登山者首次登上加拿大最高峰洛根山（5959米）。

（三）征服世界最高峰珠穆朗玛峰

对于全世界登山爱好者而言，最后也是最大、最高的山脉，非喜马拉雅山脉莫属了。其最高峰是珠穆朗玛峰（2020年12月8日，中国同尼泊尔共同宣布最新高度8848.86米）。

人们最初踏足喜马拉雅山脉，是大英帝国出于军事目的进行的调查活动。1892年，威廉·马丁·康威爵士探索了喀喇昆仑喜马拉雅山脉，并攀登了7000米高的高峰。1895年，阿尔伯特·F. 穆米里在尝试攀登南迦帕尔巴特时死亡。

1899—1908年，最早的职业女性登山者之一、美国登山家范妮布洛克夫人多次攀登喜马拉雅山，并登上了7100米高的修女峰。

1902年，一支英国登山队登上了6700米区域，遇上恶劣天气，发生了不幸事故。1905年，克劳利率领一支登山队尝试远征世界第三高山干城章嘉峰，但有4名成员在雪崩中丧生，他们未能成功登顶。

20世纪20年代，英国人几次尝试攀登珠穆朗玛峰，但均未能成功。1922年达到了8320米，在第三次尝试登顶时遇上雪崩，造成7名搬运工死亡，行动被迫中止。

中国的登山运动始于20世纪50年代。1955年出现第一批登山运动员，1956年建立第一支登山队。1950—1964年，中、英、美、意、日等十多个国家的登山运动员相继征服包括世界最高峰珠穆朗玛峰在内的14座8000米以上的高峰，这一时期被称为国际登山史上的“喜马拉雅的黄金时代”。

1964年后，登山运动员们开始突破许多登山“禁区”，尝试7000～8000米高峰的从来无人使用过的难险路线。1978年，有人在喜马拉雅高山区进行了不用氧气登上高峰的阿尔卑斯式登山。

1960年和1975年，中国登山队先后两次从东北山脊登上珠穆朗玛峰，并在第二次登顶时，做出了国际登山史上的一项创举，即首次对世界最高峰高程进行了准确测量，高度数值为8848.13米。1964年，登上最后一座从未有过人迹的8000米以上的希夏邦马峰。

二、登山和爬山、走山的不同

（1）登山运动的对象山势较高，一般海拔1000米以上，行进路线的总坡度20° 以上；爬山运动的山势较低，行进路线的总坡度在20° 以下；走山运动是在一般海拔1000米以下、路面总坡度10° 以下的山地进行的徒步走运动。

（2）登山运动所遇到的山势、地形及高山环境，对人体机能变化的影响和要求较高；爬山运动和走山运动山势不高，坡度小，山的环境对人体机能变化的影响也小。

（3）登山运动距离长，所需时间也长，中途常伴有较长时间的休息；爬山运动和走山运动路面有坡度，行走时双腿负荷和能量消耗比平坦路面要大，但是运动仍然在小强度范围内，所需时间较短。

（4）登山、爬山和走山运动都属于室外运动，长时间暴露于阳光辐射下，易被紫外线灼伤，而登山时高山氧气稀薄，大气压低，日光更强烈，所以身体承受的肌肉运动以外的缺氧和紫外线辐射的影响更大。

（5）登山运动对身体机能要求较高，更适合身体条件更好的青壮年；走山运动和爬山运动以健身为目标，是为了观赏山中自然景色、呼吸新鲜空气和徒步走健身，适宜老年人和心脑血管疾病、呼吸系统疾病、免疫功能低下疾病等疾病康复人员。

三、登山运动专业装备

登山运动必须借助专业的装备，主要包括技术装备、被服装备、露营装备和保障装备四大类。

（一）技术装备

1. 冰镐

登山运动专用以通过冰雪坡的金属制器械。

2. 冰爪

冰爪是用轻硬金属制成装于高山靴底部的专业器械，因形状类似猫爪而得名。这是在冰雪地形特别是冰坡上行进时必需的装备，其主要作用在于行进中的固定和防滑。

3. 雪铲

用于平整营地、构筑雪洞等铲挖作业的工具。还可以结合具体所登山峰实况，改进、制备上升器、下降器、滑车、小挂梯、走雪橇等增效技术装备。

4. 主绳

主绳通常长35米左右、直径约12毫米、承受力在1500公斤以上。应分别配有不同颜色，以便于使用时识别。

5. 辅助绳

与主绳配合的直径小于主绳、承受力约 800公斤的专业绳索。可用于渡河架“桥”和各种保护、救护技术。

6. 安全带

安全带是由圈套、带子和卡子组成，系在胸部，构成各种保护技术中的连接装置。

7. 钢锥

登山专用钢锥包括岩石锥和冰雪锥两类。在克服难度较大的岩石、冰雪地形的作业中，需要将不同长度和类型的钢锥打入岩石缝或冰层里，作为行进和保护用的支点。

8. 铁锁

在登山技术操作中，各种装备之间需要交替不断地进行连接和解脱，为避免烦琐的结绳、解绳操作，使动作简单而迅速，必要配备铁锁。有时，铁锁可替代滑轮使用。

9. 铁锤

铁锤用于打入和起出钢锥。

10. 雪崩飘带

雪崩飘带是遭遇雪崩时探寻被掩埋者的一种标记。用色彩鲜艳、比重小、易于飘动的丝绸制品制成。在通过雪崩区之前，所有运动员身上应系上雪崩飘带。

（二）被服装备

1. 岩石衣裤

岩石衣裤是竞技登山活动中穿用的专业性衣裤。要求紧身合体，袖口、裤脚最好采用松紧式，衣料应用结实耐磨又富于弹性的毛制品。

2. 岩石鞋

岩石鞋是登山运动的特用鞋。这种鞋以结实、通气的皮革类原料做鞋帮，鞋底用较硬的橡胶类原料；鞋底较厚并压有凸起的齿纹，非常适宜于山间攀爬中摩擦固定，防止脚步打滑。

3. 高山靴

高山靴是攀登冰雪地形的特用鞋。这种靴子用保暖、防水、质轻、通气的料子制成。为进一步起保暖防水和安全保护，还可另配绑腿和鞋罩；如果在冰坡上行动时，则应在靴下绑上冰爪。

4. 御寒服装

高山上气温很低，保温御寒的服装必不可少。以轻、薄、密实、防水、防风的面料为佳，保温层填充的最好是优质鸭绒。御寒服装颜色以深色、鲜艳为宜，以利于吸热和便于山上、山下的观察识别。同时，最好还须配上羽绒帽、袜、手套和帐篷内用鞋。

5. 风雪衣

风雪衣是用防水的优质尼龙原料制成的专业户外运动服装。风雪衣上衣连帽、帽口、袖口、裤脚能调整松紧，可有效防风、保暖和保护内层。

6. 防护眼镜

通常以茶色镜片制成的用以遮挡强烈阳光和冰雪反射光、防止紫外线伤害眼睛的专业性户外运动眼镜。如果要攀登7000米以上的高山，另外还须配备专防紫外线、红外线的防风雪眼镜。

7. 行囊

登山行囊包括背包、背架和行李袋等。

（三）露营装备

1. 帐篷

登山运动帐篷分为低山帐篷和高山帐篷两种，其共性是具有很好的防水、绝缘、通气功能，坚固耐用，而且色彩鲜艳，便于识别。低山帐篷一般用单层料制成，而高山帐篷则需用双层料制作，以便在双层之间形成空气层，从而增加保暖性能。如果是登山队，基地营的帐篷可区分为住宿帐篷、炊事帐篷和医务帐篷等。

2. 睡袋

睡袋应使用跟羽绒服装相同的材料制作，而且还应加厚保温层，睡袋下面要垫有毛毡或者气褥、泡沫塑料垫等，以宿营时防水防潮 。

3. 睡垫

睡垫铺在睡袋下面，主要功能是防水、防潮以及增加睡袋的温度，另外是给登山运动员提供较平整、舒适的睡眠条件。

4. 睡袋套

睡袋外套上睡袋套，在潮湿雨雪环境下可以确保睡袋的干燥，同时也可以增加睡袋的保暖温度。

5. 炉具

炉具用于烧水做饭，也可用于取暖，通常有汽油炉和煤气炉两种。在7000米以上空气稀薄的高山上，更适宜用煤气炉。

早期登山者炊事都是用营火，但营火的残渣或痕迹都会污染环境。而使用炉具不会污染营地，糟蹋景观。选择炉具最应该考虑的是易点火、易操作，即便是在寒冷潮湿或强风的环境中也持续火力长；另外，是重量尽量轻一些。

6. 炊具

作为户外煮食的容器，通常以铝合金为材质。

7. 其他

富含三大营养素（糖类、脂肪、蛋白质）及矿物质、维生素的食物、紧急干粮、手杖、望远镜、指北针、雨具、垃圾袋、收音机、背包、外伤药等。

（四）保障装备

1. 氧气装备

7500米以上高峰，往往空气稀薄，登山运动员需要吸氧，通常应携带氧气装备。氧气装备也可以在医疗急救时发挥作用。氧气装备一般由贮气筒、指示装置和面具构成。贮气筒是贮存氧气的容器，筒壁用料要尽可能质轻而耐高压；指示装置有指示筒内氧气贮量的气压表和控制与指示用氧时流量的调节器；面具则由面罩及其下部的缓冲囊组成。

2. 通信设备

通信设备是非常关键的登山装备，用于基地营同附近城市、基地营同山上运动员之间的联络。前者可根据距离选用相应型号的无线电收发报设备，后者通常使用高性能的小型报话机。为防止通信设备出现故障，还应携带旗子、手电筒、信号枪、哨子、焰火等，运动员应尽可能熟悉和掌握一些原始的、基本的、简易的联络手段，如旗语、灯语、哨语等。

3. 摄影器材

摄影器材包括照相机、电影摄影机和录像器材等，以记录和猎取登顶资料。

4. 定位设备

定位设备指GPS导航，便于通信联络和指示确认登山路线和方位。

5. 日用装备

登山活动一般持续时间较长，有时需要在高山区活动一两个月，必须携带足够的各种生活用具和用品，比如起居用具、卫生用品、简单工具、常备药品、辨向图仪、娱乐物品、纸张文具、缝纫用品、灯火照明、体育用品等。

四、登山装备的改进

为了不断提高登山运动的水平，登山运动装备的质量和性能也在随着科学技术水平的不断进步而不断改进。登山设备要适应登山运动的环境条件，所以制作得越来越轻便、坚固和高效，并能一物多用。

法国人最早登山时所用的一根主绳的重量可达20公斤，其他登山设备也都很笨重，那时他们的登山高度仅仅达到4000米左右。现在，一根主绳的重量仅有1.5公斤，其他装备的重量也大大减轻，而且更加耐用，其保暖、防电性能也大大增加，因而可以保证登山运动员攀登各种高度和难度的山峰。

许多国家登山界为提高氧气瓶的容量和装备的使用效率不断研究改进，日本采用“回路式氧气面罩”代替原来的呼吸器，使原来供1分钟使用的氧气增加到2分钟或更长时间。他们还对攀登海拔8000米以上岩石峭壁的双人用氧和攀岩操作用氧等特殊装备进行了改装。

第七章　冬季运动项目

第一节　滑雪运动

一、滑雪运动发展简史

滑雪运动（Skiing）是借助于雪杖和靴底上装了滑雪板的专用雪板在雪地上进行速度、跳跃和滑降的运动。“立”“板”“雪”“滑”是滑雪运动的关键要素。滑雪有助于增进人的健康和耐寒力，培养人的勇敢、坚毅的品质。

滑雪运动起源并发展于古代斯堪的纳维亚国家，“滑雪”一词正是源于古挪威语“Skith”（“雪鞋”意）。早在约5000年前，在北欧、西伯利亚等地已有人滑雪。考古发现，挪威境内北极圈附近的一块约4000年前的石刻上刻有两人滑雪的构图。1200年，在挪威今奥斯陆一带进行的冰上战争中，双方官兵已利用滑雪来作战。

15—17世纪，在北欧诸国与俄国的战争中，都曾利用滑雪行军和作战。1733年，挪威人写出了世界第一部指导滑雪运动的书；1877年，挪威成立了世界最早的滑雪俱乐部；1883年，挪威成立了全国性的滑雪联合会，现代滑雪运动开始兴起。

1924年1月，在法国夏蒙尼举办的第1届冬季奥林匹克运动会上，成立了国际滑雪联合会，北欧滑雪项目列入了比赛。1936年举行的第4届冬奥会，增加了高山滑雪比赛项目。

现今，世界性滑雪比赛，除冬季奥运会外，还有世界滑雪锦标赛、世界杯滑雪比赛等。

在世界滑雪运动中，居领先地位的有斯堪的纳维亚国家，如挪威、瑞典、芬兰，还有西欧的阿尔卑斯山脉周围的国家法国、意大利、奥地利、德国，以及美国、俄罗斯等。

中国的滑雪运动也源远流长。《北史》卷九十四中记载："气候最寒，雪深没马……地多积雪，惧陷坑阱，骑木而行。"中国东北、西北地区每年积雪时间较长，生息于此的鄂伦春、赫哲及哈萨克等民族，世代相传借滑雪技术从事狩猎等生产劳动。在漫长的冬季里，北方民族就是依靠滑雪和雪橇作为主要的交通手段。

20世纪30年代初，中国出现了近代滑雪运动。小说《林海雪原》中写道，解放军一支小分队利用滑雪长途奔袭剿灭盘踞在深山老林作恶的土匪。20世纪50年代后，群众性滑雪运动得到进一步发展。1957年，第1届全国滑雪比赛大会在吉林省通化市举行。60年代，解放军派出滑雪队去参加国际比赛。1980年，中国滑雪队首次参加了第13届冬奥会在美国普莱西德湖举办的滑雪比赛项目。

二、滑雪运动分类

（一）按照滑行条件和参与目的划分

现代滑雪运动可分为娱乐健身滑雪、竞技滑雪、实用滑雪以及探险滑雪几类。

1. 娱乐健身滑雪

这是适应现代人文化旅游的需求而逐渐发展起来的大众性滑雪项目，以娱乐、健身为目的，技术要求不高，男女老幼均可在雪场上轻松、愉快地滑行，饱享滑雪运动的无穷乐趣。

2. 竞技滑雪

竞技滑雪是将滑雪升华为在特定的环境条件下，运用比赛的功能，达到竞赛的目的，具有鲜明的竞争性、专项性，相关条件要求严格，非普通人所能具备和适应。

3. 实用滑雪

实用滑雪适用于林业、边防、狩猎、交通等领域的巡逻、追逐需求的滑雪方式，现在这些领域的作业已多为各种车辆、无人机或其他机械设备所替代，实用滑雪逐渐失去其往昔的实用价值。

4. 探险滑雪

探险滑雪是为了探险目的而进行的滑雪活动。

（二）从历史沿革角度划分

滑雪运动可分为古代滑雪、近代滑雪、现代滑雪。

（三）现代滑雪运动

现代滑雪运动大致可分为三种类别：阿尔卑斯山式、北欧式和自由式。

1. 阿尔卑斯山式滑雪

沿雪坡滑降的滑雪运动被称作阿尔卑斯山式滑雪，因滑降运动源于阿尔卑斯山而得名。包括了各式技巧和动作，其中三种最基本的动作：直降、横渡和转弯。

2. 北欧式滑雪

北欧式滑雪包括越野滑雪（Cross Country Skiing）和滑雪跳跃（Ski Jumping），因这种运动起源于北欧各国而得名。其中的越野滑雪是最大众化的滑雪方式；滑雪跳跃运动中，人像空中飞人一样，非有过人的胆识和高超的技巧者所能驾驭。

3. 自由式滑雪

自由式滑雪其实就是一种滑雪特技表演，表演者从陡峭而崎岖不平的雪坡向下滑降，同时还得表演后跳、踢腿，甚至翻跟头等其他惊险的特技。

三、竞技滑雪项目

在现代竞技滑雪运动的发展过程中，其项目始终在不断地增加和变换中，领域不断在扩展，一直沿着提高速度、难度、远度、高度、表演技巧和不断创新的方向发展。

目前，世界正规滑雪比赛的项目主要有以下几种。

（一）单板滑雪

所谓单板滑雪，是指运动员双脚同踏在同一块宽大的雪板上的滑雪运动，比高山滑雪更具有刺激性，技术也更灵活，单板滑雪包括："U"形场地单板雪上技巧、双人平行大回转。目前在中国尚未普遍开展。

2006年都灵冬季奥运会增设了单板滑雪越野赛，比赛场地沿途分布着雪丘、跳跃点和急转弯，高度差为100～240米，平均坡度为14°～18°，路线长度为500～900米，赛道宽度约为40米，比赛用时为40～70秒。比赛时运动员时常发生碰撞，十分惊险刺激。

（二）自由滑雪

自由滑雪运动主要分为雪上技巧、空中技巧、场地趣味追逐等。自由式滑雪产生于20世纪60年代末，为美国具有开拓精神的年轻的一代滑雪运动员们所创，最初被称为花样滑雪。1988年第15届冬季奥运会列为表演项目。1992年第16届冬季奥运会将自由式滑雪中的雪上技巧（男女）列为正式比赛项目。

1. 雪上技巧

雪上技巧是在设置一系列雪包的陡坡线路上进行回旋动作、空中动作以及滑降速度的滑雪比赛项目，包括单人雪上技巧和双人雪上技巧。雪上技巧场地长200～270米，宽15～25米，坡度为24°～32°。运动员使用的滑雪板男子不短于1.90米，女子不短于1.80米。以回转动作和空中动作质量分以及计时成绩分相加评定名次，得分多者名次列前。

2. 空中技巧

运动员进行空中技巧滑雪时，在覆盖较厚积雪的山坡上，借助下滑惯性在跳台起跳，纵身腾入空中，然后在空中完成各种向前、向后的空翻并加转体等高难动作。

空中技巧始于1928年，美国人卡尔顿成为世界上第一个穿着滑雪板完成雪上空翻动作的运动员。1958年，瑞士滑雪教练费尤雷尔在滑跳中也完成了空翻和转体动作。

空中技巧运动员使用的滑雪板男子不短于1.90米，女子不短于1.80米。场地由出发区、助滑坡、过渡区一、跳台、过渡区二、着陆坡和终点区组成。比赛时每人试跳两次。运动员所做动作需要自选，裁判员根据运动员完成动作的质量评定空中动作分和着陆动作分，两者相加再乘以动作难度系数，即为一次试跳的得分，两次试跳得分相加，得分多者名次列前。评分标准是：腾空、起跳、高度及距离占20%；身体姿势和技巧动作表演水平占50%；落地占30%。根据动作的难易规定不同的难度系数。

3. 场地趣味追逐

在趣味追逐赛比赛中，所有选手分组进行比赛，4人一组，其中前2名晋级下一轮，最后的“大决赛”决定第1～4名的排名，“小决赛”决定第5～8名。

（三）越野滑雪

越野滑雪是运动员足蹬滑雪板、手持雪杖，运用登山、滑降、转弯、滑行等基本技术，滑行于长距离的低山丘陵地带旷野雪原的滑雪运动项目。因该项目起源于北欧，也归于北欧滑雪的一种。越野滑雪的乐趣和魅力虽然弱逊于高山滑雪，但就安全和健身角度而言，更具有广泛的参与性。

越野滑雪是一项最古老的冬季运动，1924年第1届冬季奥运会即已列为正式比赛项目。比赛线路的设置一般为上坡、下坡和平地各约占1/3。项目设男子1.6公里传统式、男子1.6公里团体、男子15+15公里追逐、女子

7.5+7.5公里追逐赛、男子个人竞速赛、女子个人竞速赛、男子团体竞速赛、女子团体竞速赛、男子4×10公里接力赛、女子4×5公里接力赛、男子15公里间隔出发、女子10公里间隔出发、男子50公里集体出发、女子30公里集体出发、女子1.2公里传统式。

（四）高山滑雪

高山滑雪也是起源于古代北欧，由特定的冰天雪地环境中的原始狩猎演变而来，逐渐成为一种交通方式和运动项目。

高山滑雪拥有很多技术种类，比如不同的滑降技术、多变的转弯技术、应急的加速、减速、停止技术，以及惊险的跳跃技术及特殊技术等。因滑雪运动是在滑动中操纵技术，重心不易控制，易形成错误动作，所以，一般初学者切忌急躁莽撞，应在专业技术人员的严格指导下，从练习基本动作起步，扎实掌握技术功底，为以后的提高奠定基础。

由于高山滑雪具有惊险刺激、动作优美、施展自如、动感十足等特点，所以高山滑雪被人们视为滑雪运动的精华和象征。

高山滑雪的竞赛项目包括滑降、回转、大回转、超级大回转、高山两项、全能等。

1. 滑降

要求运动员从山顶按规定线路穿过用旗插成的门形向下滑行，是一项竞速滑雪比赛。

比赛线路一般长2000米以上，坡度5°～35°，平均20°，起点到终点高度男子为500～700米；线路两旁插一定数量的旗杆作为各种门形，男子比赛插红色旗，女子比赛插红、蓝两色旗；旗门间距为4～8米。以滑降两次的时间计算成绩，决定名次。技术动作有直滑降、斜滑降、乙形滑降、起伏地滑降、犁式和半犁式滑降等，身体姿势分高、中、低三种。

2. 回转

回转也称回转滑雪或回转障碍。回转滑雪要求运动员从高山上滑下时不断穿过门形和障碍物，连续转弯高速下滑，是一项竞速滑雪比赛。

比赛线路长度男子为600～700米，女子为400～500米，坡度30° 以上的段落占比赛全程的1/4。标高差男子为140～200米，女子为120～180米。男子项目线路上插有55～75个门形，女子项目线路上插有45～60个门形。比赛中在高速转弯通过线路上的各种门形时，需要两脚过门；碰倒旗杆不算犯规，漏门或骑杆过门算犯规不计成绩。在两条线路上各滑一次，以两次成绩总和评定名次，如第一次犯规则不能滑第二次。比赛前可以从上向下察看线路，但不能穿着滑雪板从上向下模拟滑行或穿越门形。

3. 大回转

大回转滑雪要求运动员快速从山上向下沿线路连续转弯，穿越各种门形。运动员参加大回转滑雪比赛，用靴与滑雪靴相似，但更有弹性；滑板坚硬、狭窄，以利于转向和高速滑行。1952年第6届冬季奥运会开始将大回转列为比赛项目。

男子比赛线路长度为1500～2000米，女子为1000米以上。男子线路高度差为300～400米，女子为250～350米。大回转的覆雪山坡坡度为15°～32°；转弯设计速度为15～20米/秒。线路上设置多种形式的旗门，组成障碍。运动员从山顶沿线路通过旗门下滑。以两次滑行时间计算成绩，以滑行速度评定名次。

规则规定两次预赛成绩相加排名前16位的决赛晋级，之后进行淘汰赛。正式比赛时选手抽签每两人一组，在平行赛道上进行两次预赛，第二次预赛要交换赛道。第一次比赛中落后的选手延迟出发，延迟的时间为第一次比赛落后的时间。第二次比赛中率先抵达终点的选手获胜。

4. 超级大回转

在高山滑雪中，以超级大回转滑降道落差最大，距离也最长，运动员最高时速可达130公里。超级大回转由于旗门数较多，速度稍慢。比赛按一次滑行成绩决出名次。

（五）跳台滑雪

跳台滑雪就是运动员脚着特制的滑雪板，沿着跳台的倾斜助滑道下滑的滑雪运动。运动员借助速度和弹跳力，使身体跃入空中，使整个身体在空中飞行4～5秒钟后，落在山坡上。

在1924年举行的第一届冬奥会上，跳台滑雪就被列为比赛项目。国际滑雪联合会规定，在冬季奥运会及世界滑雪锦标赛的跳雪比赛中，设有70米级台和90米级台的两个项目。跳台助滑道的坡度为35°～40°，长度为80～100米。首届世界跳台滑雪锦标赛于1972年在南斯拉夫举行。

（六）北欧两项

北欧两项起源于北欧，由越野滑雪和跳台滑雪组成。19世纪中期，北欧两项运动首先出现在挪威。北欧两项在挪威、瑞典流传很长时间，成为北欧的传统滑雪比赛项目，故又称北欧全能。

北欧斯堪的纳维亚半岛地区冬季雪多，适宜于开展滑雪运动，但该地区地形没有阿尔卑斯山脉一样的高山，无法发展高山滑雪，于是既要求越野滑得快，又要求跳雪跳得远的越野滑雪和跳台滑雪得到了较好的开展，成就了北欧两项这个项目。一般来说，斯堪的纳维亚国家在北欧滑雪项目上优势明显，而阿尔卑斯山脉国家在高山滑雪项目上更出色。

在1924年第1届冬季奥运会上，北欧两项即被列为比赛项目。1988年第15届冬季奥运会开始设团体项目。

2022年，国际奥委会执委会在瑞士洛桑审议通过2026年米兰—科尔蒂纳冬奥会的项目设置和运动员配额方案，新增滑雪登山大项。自由式滑雪新增了雪上技巧男、女双人各1个小项；跳台滑雪项目在原有的女子标准台基础上，增设了女子大跳台项目；高山滑雪已确定取消混合团体比赛项目，男子、女子全能尚处于待定状态。

四、初级基本技术

（一）步行

初学者穿上滑雪器后，第一步要做的动作就是步行，其动作与一般的走路并无两样。为了习惯穿上滑雪器步行，建议开始时先穿上一只滑雪器练习来回走，而后再两只一起穿上，一步一步地适应平衡。

（二）跌倒

滑雪跌倒时，以侧身着地最为安全，就是以大脚外侧、腰下侧着倒在雪地上，同时举起双雪杖并用力地将两脚伸直，以防不必要的受伤。

（三）方向变换

以滑雪器的前端或尾端为圆心，将希望转变方向内侧的滑雪器向希望转换的方向分开呈“V”字形，再将外侧滑雪器靠拢过来。这种方向变换方法仅适合于平坦的雪面上进行，如果正在斜坡上滑行，就不能运用。

（四）登行

最简单的方法就是坐缆车上山。有的滑雪场上没有缆车，此时最方便的做法就是把滑雪器脱掉，扛着滑雪器走上去；也可以穿着滑雪器往山上走，要领就是把持滑雪器与斜坡呈90°，以防止滑雪器自动滑下山去。

（五）平地滑行

两脚平行站立，利用手腕力量将两雪杖向后推动，使身体和两滑雪器同时向前滑行前进。身体重心稍微向前倾，不可向后倾，否则就会导致后坐跌倒。

第二节　溜冰运动

一、溜冰运动发展简史

溜冰也叫“滚轴溜冰”“溜旱冰”“轮滑”，它是水冰运动在陆上辅助训练过程中逐渐演变形成的运动项目，是脚蹬四轮特制鞋在坚实平坦的地面上滑行的运动。

溜冰运动的特点是在溜冰鞋底装上轮子或冰刀，人们穿着它在地面上滑行。这项运动跟在水冰地面的滑行是有区别的。相较水冰运动，溜冰更刺激、惊险和时髦，而且四季皆宜。如今，轮滑已成为广大青少年喜爱的娱乐休闲运动了。

这项运动由滑冰过渡而来，早先，人们为了在冰上能稳定地滑行，就在每只鞋底上镶有四把小冰刀，这样既稳定又安全。在每年冰雪融化后的无冰季节，就用四只小轮代替四把小冰刀，装在一个可移动的底座上。就这样，近代的溜冰鞋和溜冰运动就诞生了。

中国古代的溜冰运动，最早可查的文字资料见于清代翟灏所著《通俗编·俳优》，“《宋史·礼志》:‘故事，斋宿，幸后苑作冰戏。’按此即北方溜冰之戏，始自宋时”。

18世纪上半叶，一位不知名的荷兰滑冰运动员为了在不结冰的季节继续进行训练，尝试把木线轴安在皮鞋下，试图在平坦的地面上滑行。经过数次失败，他终于创造了用轮子鞋“滑冰”的历史。这是四轮溜冰的雏形。

1863年，美国人詹姆士·普利普顿用金属轮子代替木质轮子，发明了四轮旱冰鞋。1866年，普利普顿在纽约开办了第一个室内溜冰场，深受大家的欢迎。从此四轮溜冰运动迅速地传到欧洲各国，掀起了一股溜旱冰热。

1875—1937年，溜冰运动逐渐演化出花式溜冰、速度溜冰和溜冰曲棍球三种不同形式的运动项目。1879年，英国成立了国家滑冰协会。直到1884年，美国人理查德森和雷蒙德发明了滚珠轴承，极大影响了四轮溜冰技术的改进和发展。

1924年，国际轮滑联合会（FIPR，现名FIRS）在瑞士成立。1937年，美国出现了第一个速度溜冰的比赛规则。1939年，制定了花式溜冰规则，从此开始了现代意义的溜冰竞赛。

二、溜冰运动基本动作

（一）原地站立

先穿戴好溜冰轮滑鞋和护具，左脚跟顶住右脚内侧，呈“T”字形，或两脚向外分开呈“八”字形，然后慢慢站起身；两腿稍弯曲，两臂自然下垂，上体稍向前倾，但不要低头弯腰，两眼要向前看。初学者可以让教练拉手站起来，也可以扶住固定物体。等站稳以后，尝试把两臂从体侧平举至肩高。这是最基础的溜冰姿势。

（二）原地踏步

在同伴扶持或手扶固定物体站立，身体重心向左移至左脚上，慢慢提起右脚稍离地面，然后右脚4个轮子着地，重心向右移至右脚上，原地站稳；再慢慢提起左脚。依照上述方法，两脚交替提起、放下，逐渐加快速度至正常走路节奏。

仔细体会控制转移身体重心的感觉，维持身体平衡，过渡到独立完成踏步动作。还可以衍生做向一侧踏步、高抬腿及跺脚的动作。

（三）“V”形走步

两脚张开与肩同宽，呈约45°“V”字形（外八字），直身站立，练习者会发现轮子并不会滑动。这是直排轮中基本的站姿。

然后，身体微向左倾，重心慢慢转移至左脚；身体稍向前倾，右脚向前稍抬起并迈出一小步；右脚放下踏稳，身体重心转至右脚，再左脚向前稍抬起并迈出一小步。根据上述方法，左右脚交互向前抬起平稳放下，反复练习，逐渐加快速度。

需要注意，在行走时，两脚始终保持“V”字形。

（四）向前滑行

因为轮子在平坦、光滑的地面上会不由自主地滚动，初学者穿着轮滑鞋要实现滑行，往往难以控制而摔倒。其实，只需改变日常走路的一个习惯，就可以享受在光滑地面自由滑行的舒畅了。人们走路习惯用前脚掌后蹬，而穿上轮滑鞋，如果仍然沿用这个习惯，脚下的轮子就会滚动，导致身体难以平衡。所以，只有把向后蹬地改为向侧后方蹬地，才能得到稳定的支点，使身体获得向前滑行的动力。

1. 协助滑行

站立，向前看，两脚分开比肩稍窄些，不做任何用力动作，在教练或同伴帮助下双脚平行前滑，体会滑动的感觉和滑动状态下的身体平衡感受。如果双脚能借助惯性向前滑行，表明身体已经逐渐适应了滑动状态，为在滑动条件下控制自身平衡奠定了基础。

2. 双脚滑行

站立，把身体重心移到左脚上，用右脚内刃向侧后方蹬地，然后迅速收回与左脚平行，双脚借助惯性向前滑行；当向前滑行的动能将要耗尽时，再用左脚内刃向侧后方蹬地，然后迅速收回与右脚平行，双脚借助惯性向前滑行。

按照上述方法，两脚交替蹬地连续向前滑行，开始时蹬地步幅小一些，逐渐加大。

3. 前葫芦步

站立，身体稍前倾，两膝弯曲用力，两脚尖外展，开始向前滑行，两臂侧平举以维持身体平衡，两脚跟用力下压，当滑至最大弧线时，两脚尖迅速内收靠拢，恢复至开始姿势。然后重复做双脚的分开与靠拢，两脚的滑行轨迹形成一个又一个葫芦形状。

4. 前双曲线滑行

两脚平行站立，身体重心压在右脚上，同时左脚以内刃向侧后蹬地，两脚同时向右前方滑行，在地面上形成平行的双脚曲线轨迹；滑行一段距离后，然后重心偏向于左脚，同时右脚用内刃向侧后方蹬地，向左滑出平行的双脚曲线轨迹。按照上述方法重复练习，体会身体重心的移动与蹬地动作的协调配合，感受滑曲线时流畅的滑行感觉。

5. 单脚向前直线滑行

两脚呈“T”字形站立，左脚在前，右脚在后，两腿稍弯曲，用右脚内刃蹬地，身体重心慢慢移至左腿，右腿蹬直后提离地面，以左脚单脚向前滑行；然后把右脚收到左脚的右侧落地，左脚内刃蹬地，身体重心慢慢移至右腿，左腿蹬直后提离地面，以右脚单脚向前滑行。重复上述动作，反复练习两脚交替单脚向前直线滑行；当动作练习熟练后，逐渐减少双脚滑行时间，直至完全单脚支撑滑行，另一脚在滑行脚后举起。

6. 向后葫芦滑行

熟练掌握了向前滑行后，就可以练习向后滑行了。

初学向后滑行，可以请同伴面对面手拉手协助。

单独练习时，两脚平行，稍稍分开站立，开始脚尖稍向内，两膝弯曲，上体稍前倾，用两脚内刃向前蹬地，同时两脚跟向两边分开，向后外滑至能承受的最大弧线时，迅速把两脚跟内收，两膝用力伸直，恢复至开始姿势；然后重复上述滑行动作，两脚向后滑行的轨迹形成一个又一个葫芦形状。

7. 蛇形向后滑行

练习向后葫芦滑行比较熟练后，就可练习蛇形向后滑行了。

两脚平行，稍稍分开站立，两膝弯曲，上体稍稍前倾，脚尖稍向内转，用右脚内侧轮蹬地，身体重心移向左侧，成左脚单脚向后滑行；右腿在体前伸直，随即右脚落在左脚右侧，恢复开始的姿势；接着，仍然两膝弯曲，上体稍稍前倾，用左脚内侧轮蹬地，身体重心移向右侧，成右脚单脚向后滑行；左腿在体前伸直，随即左脚放在右脚的左侧。按照上述方法重复练习，两脚单脚后滑的轨迹形成蛇形。在滑行中，两手侧平举以保持身体平衡。

（五）安全跌倒

安全跌倒的训练是通过护具及全身来分散跌倒时的冲击力，主动让身体向前扑倒，避免向后跌坐或下巴、手腕、手肘、膝盖等身体某一部分触地承受撞击，从而减少单一部位承受太多、太重的伤害。

在进行前溜练习时，如果想停但停不下来，不必惊慌，先身体前倾，双手伸到胸前，膝盖下蹲，用膝盖跪地（事先务必戴好护膝）；以护掌平贴在地，向前滑出，让身体同时伸展出去，完全扑倒在地；着地后身体会随着惯性仍会向前冲，等到俯冲的力量逐渐被阻力分散、抵消掉后，双手将身体撑起；这时，右脚蹲起，呈左膝单脚跪姿，双手平压在右脚膝盖上；双手用力下压将身体撑起；然后，重新以“V”字形站姿站好。

（六）前溜

练习踏步与“V”字形走步一段时间后，可以开始学习滑行。

右脚前进时，右脚稍稍压外刃，右脚在前呈弓步，左脚则稍稍压内刃，右脚用力滑出去，左脚用力向侧蹬地推动自己滑行，上身向前微倾斜，两臂平伸与肩同高，重心稍微移往右前方，让右脚向前滑行一阵；然后换左脚，把左脚收回到右脚内侧并拢，将身体重心转移到左脚上，用右脚用力后外侧蹬地推动自己滑行；然后收右脚到左脚内侧，如此动作反复练习。

滑行时收脚应干净利落，向一侧蹬出时短促有力、爆发力强。

初学溜冰要格外重视转换重心以及压低重心的练习，压低重心有助于溜冰的稳定性。

（七）拐弯

在前溜滑行时，练习向左转，左脚在前右脚在后，而手平举上半身面向圆心，身体重心下降，落在左脚上，用力压左脚外刃，右脚可以自然地推刃，由此可以滑出优美的弯道弧线；练习向右转，动作与上相反。

（八）刹车停止

在初步掌握滑行基本动作后，需要学习在滑行中及时停止滑行的方法。停止的方法有几种：正中切法、内“八”字形停止法、“T”字形停止法、双脚急停法和向后滑行停止法。

1. 正中切法

双脚平行滑行时，慢慢降低重心，保持在两脚中间，把有刹车器的那一脚向前推出，脚尖微向上，让刹车器跟地面形成摩擦，摩擦阻力很快会让自己停下来。刹车器压向地面越用力，停得就越快。

2. 内“八”字形停止法

两脚平行分开站立，两脚尖内转，两脚以内侧轮柔和地压紧地面，随之两腿弯曲，上体稍前倾、臀部下蹲，两臂向前伸出以维持身体平衡，就会逐渐减速直至完全停止。可以由慢到快循序渐进进行练习。

3. “T”字形停止法

两脚保持一前一后向前滑行，将身体重心渐渐放在前脚，膝盖微微弯曲，把较后面的那一脚轻轻地抬离地面，以左脚单脚向前滑行，将右脚掌转90°，与仍在滑行的脚呈“T”字形，然后轻轻地放下地面并以内侧轮柔和地压紧地面，地板的阻力会慢慢让轮子刹车。

在熟练完成上述动作的基础上，可以加快向前滑行速度，练习“T”字形停止动作。

4. 双脚急停法

在两脚向前滑行时，同时做顺时针（或逆时针）方向急转，以左脚的内侧轮、以右脚的外侧轮与滑行方向呈90°压紧地面，同时身体向右急转，重心移到右腿上，两膝弯曲，两臂前侧伸，即可使身体停下来。

开始练习时，注意以低速向前滑行；待动作熟练后，再提高滑行速度，做双脚急停练习。

5. 向后滑行停止法

花样轮滑鞋的前端装有制动器，所以，如果练习向后滑行来停止，则在向后滑行的过程中，只要身体稍前倾，两臂侧举维持身体平衡，随后抬起两脚脚跟，用两脚的制动器压紧地面，便可以很快停止下来。

（九）前转后溜

两脚一前一后前溜滑行时，如果要转成后溜，就把两脚的脚跟轻轻抬离地面一点，以两脚脚尖为轴，顺势将身体转180°；或者是先以一只脚为重心，将另一只脚转180°，形成小蟹步，再将前面那只脚转180°。

注意在转向时，双脚尽量不要开得太大，要保持身体平行。

当然，如果滑行动作已经娴熟，就可以将身体跳转180°，再由前溜改成后溜。

参考文献

［1］洪浩，王凤仙，岳贤锋，姚丽华．体育与健康［M］．北京：高等教育出版社，2022.

［2］王颖．体育与健康（第二版）．北京：高等教育出版社，2020.

［3］刘景刚．体育与健康（南方版）．北京：高等教育出版社，2021.

［4］刘景刚．体育与健康（北方版）．北京：高等教育出版社，2021.

［5］卢晓文，卢文杰，苑立军．新编大学体育与健康教程［M］．北京：高等教育出版社，2023.

［6］马驰，吴雅彬．体育与健康（高等职业教育“十四五”系列教材）．北京：水利水电出版社，2021.

［7］曹景川，赵俊杰，孙汝勋，王迪．体育与健康［M］．北京：清华大学出版社，2021.

［8］胡德刚，迟小鹏，辛守刚，郑安微，贾秦，蔡杰铮，董晓艳，刘慧茹．中职生体育与健康（基础模块）．北京：清华大学出版社，2017.

［9］尹军，武文强．高职体育与健康（微课 +AR 演示）．北京：人民邮电出版社，2022.

［10］刘晓帆，唐超群．体育与健康（21 世纪职业教育规划教材）．北京：中国人民大学出版社，2020.

［11］英玉生．体育与健康（五年制高职）．北京：科学出版社，2022.

［12］刘彬．体育与健康［M］．大连：大连理工大学出版社，2016.

［13］刘哲，李慧杰．体育与健康（21 世纪职业院校人文素质与职业素养系列教材）．北京：中国人民大学出版社，2019.

［14］林卫．体育与健康（高职）．西安：西安电子科技大学出版社，2019．

［15］周涛，刘信明，郑春平．体育与健康（中等职业教育规划教材）．北京：中国人民大学出版社，2019．

［16］刘云．体育与健康（职业教育公共基础课教材系列）．郑州：龙门书局，2021．

［17］高巍，赵栋．体育与健康（三年制中职）．北京：科学出版社，2018．

［18］张新萍，范振国，仇亚宾．大学体育与健康：理论与实践（新一版）．广州：中山大学出版社，2022．

［19］文雄，张灵燕，王永莲，祖雪亚，王文丹，等．大学体育与健康教程［M］．重庆：重庆大学出版社，2020．

［20］全爱清，大学体育与健康教程［M］．北京：高等教育出版社，2020．

［21］兰自力，郝英，王义平．大学体育与健康教程（第三版）．武汉：武汉大学出版社，2019．

［22］栾伟元，纪谦茂．高职体育与健康（21 世纪高职高专规划教材 · 公共课系列）．北京：中国人民大学出版社，2021．